不動産投資は「管理会社選び」で9割決まる

糸賀晃
ITOGA AKIRA

幻冬舎MC

不動産投資は
「管理会社選び」で9割決まる

はじめに

不動産投資において、オーナーの多くが悩まされるのが、購入後の管理です。

とくに一棟物件は区分マンションと比べて部屋数が多い分、満室経営を維持するのに労力がかかります。投資規模を拡大するために一棟ものを購入しても、空室が埋まらなければ想定していた家賃収入は得られません。一方で融資の返済は毎月発生します。費用の捻出に困って、仕方なくポケットマネーから持ち出している不動産投資家は、思いのほか多いのが現実です。

加えて、一棟物件の場合、建物管理もオーナーの責務になります。玄関や階段、廊下、ゴミ捨て場などの共用部分を清潔に保つ、美観が損なわれたり共用設備が故障したりした場合、その修繕を行う……そのような日々の地道な建物管理を怠ると、時に恐ろしい事態に発展します。例えばエレベーターが故障し交換の必要が生じた場合、年式や状態によっては数千万円ものコストがかかるケースもあるのです。

修繕やメンテナンスについては、最低限いくら費用をかければいいのか、オーナーが判断するのは困難です。結果、管理会社の言われるがままに工事を発注し、必要なのか不要なのかよくわからないままに出費を重ねているオーナーが大半なのです。

しかし、有能な管理会社ならば最低限のコストで満室を維持することは十分に可能です。日々こまめに建物管理を行うので、大規模修繕が発生した際のコストを下げることもできます。

私は不動産投資会社の営業職時代から、多くの投資家を担当しました。起業してからは、投資成績向上のために安定的な満室経営が必須であると考え、自ら管理部署を立ち上げ、顧客の賃貸物件管理に関する悩みを解決して満室経営を実現させ、その投資を成功へ導いてきました。売買仲介会社としての実績や、自らも不動産投資を行っているためオーナー目線での賃貸管理を実現できることが強みとなっています。

そのキャリアのなかで確信したのは、有能な管理会社に委託すれば、最小限の労力で安定的に満室経営にできるということです。

実は、管理会社の内実はさまざま。コストや手間など、投資家ならば誰もが意識する視点を持っていない会社も多いのが実情です。例えば昔ながらの地場の管理会社はメインの顧客層が地主であるため、投資成績（収益）を考慮せず管理にコストをかけがちです。

しかし不動産投資には、「収益不動産ならでは」の管理のコツがあります。詳しくは本文に譲りますが、有能な管理会社は「コストを下げる」「収入を増やす」「満室を維持する」の３つに注力することで、効率的かつ着実に結果を出します。そこで本書では、収益不動産を買ったものの利益が出ず悩んでいるオーナーへ向けて、管理会社を変えてコストや手間を最小限に抑え、収支を劇的に改善するための方法を余すところなく解説していきます。

人口減少が叫ばれる昨今、賃貸経営をめぐる環境は厳しくなっています。

管理に悩む不動産投資家の皆さんの一助になれば、著者としてこれに勝る喜びはありません。

目次

はじめに　2

第1章

埋まらない空室、減らない家賃滞納者……
不動産投資家を悩ませる「管理トラブル」

一棟不動産投資家を悩ませる「管理」の悩み　14
「空室」が埋まらない！　14
滞納する入居者　16
悪質な入居者　17
想定外のコストが発生　20
「ズサンな管理会社」の実態　21
提案力が低い　23
高額なリフォーム代を請求　24
報告を怠る　26
やりとりが煩雑　27

虚偽の報告をする 28
いい加減な入居審査 30
「入居者獲得競争」は激しさを増す一方 31
「管理の失敗」は死活問題 34
きちんと管理されていない物件は荒れ果てていく 36

第2章

不動産投資は「管理会社選び」が9割

厳しい環境で勝つためのカギは「管理会社」が握る 40
そもそも管理会社の「仕事」って？ 42
「都心」と「地方」、管理会社はどう違う？ 48
なぜ「NG管理会社」が誕生するのか？ 51
「有能な管理会社」に委託するメリット 53
うまく「アウトソーシング」して効率的に！ 55

第3章

これだけは押さえておきたい「管理会社」の基礎知識

管理会社が選ばれる理由 60
理由①「親の代から委託している会社」に頼む場合 60
理由②「管理委託手数料が安い管理会社」に頼む場合 62
理由③「購入した会社」に頼む場合 63
理由④「全国チェーンの大手・駅前にある地元の会社」に頼む場合 64
管理会社の種類とは? 65
パターン①「全国チェーンの大手」 66
パターン②「地元の不動産会社」 67
パターン③「PM型管理会社」 68
パターン④「契約形態によるサブリース」 71
パターン⑤「建築メーカーによるサブリース」 72
管理会社の「立ち位置」を確認 76

知っておきたい「広告費」の仕組み 79
「大手の管理会社」ほど不満が募る!? 82
「格安管理会社」にありがちな問題 84
管理会社を「変更」したくなったら 86

第4章

空室対策、物件力アップ、コスト削減……「有能な管理会社」を見抜くポイント

有能な管理会社の「条件」とは? 94
「キャッシュフローを増やす管理運営」3つのポイント
ポイント❶支出を下げる
●ランニングコストの見直し 98
●緊急時にかかる費用の考え方 98
●家財・火災保険の活用 101
●金利交渉・借り換えの効果 103
104

●借り換え・金利交渉の手順とコツ 106
ポイント❷収入を上げる 108
●リノベーションによる家賃アップ 108
●リノベーションの仕様事例 110
●間取り変更時のポイント 126
●まずは原状回復から 128
●ステージングで印象アップ 130
●オーナー自身がリノベーションを行うことの注意点 132
●オーナー自身で外注先を決めることも可能 134
●大規模修繕 136
●収益を最大化するためにできること 140
ポイント❸空室対策（満室を維持する） 144
●入居者アンケート 144
●賃貸仲介会社アンケート 149

●オーナーアンケート 150
●人気設備導入 151
●入居条件の緩和 ～ペット可物件の注意点～ 156
●物件写真の撮り方 157
●募集広告のポイントと出し方 160
●賃貸仲介会社へのアプローチ 164
「キャッシュフロー推移表」の作成 166
売却時の譲渡税 170
税務について学ぶことの重要性 172

第5章

「デキる管理会社」に任せれば、投資成績は必ず向上する

その管理会社は「投資」を理解しているか？ 176
使命感を持って起業 179

「投資用管理」のプロならではの提案 180
まずは「税理士」による面談から 183
第三者「設計士」の建物チェック（簡易診断） 184
「顧問弁護士」の存在も重要 187
不動産投資で成功するために 189

おわりに 192

巻末付録

これから投資家人生をスタートするあなたへ
不動産投資の「基本のキ」

第1章

埋まらない空室、減らない家賃滞納者……
不動産投資家を悩ませる「管理トラブル」

一棟不動産投資家を悩ませる「管理」の悩み

ここ数年の不動産投資ブームで、サラリーマン大家が急増しました。区分マンションだけでなく、一棟マンション・アパートを購入しているケースも多いものです。規模の大きな投資を行っている分だけ、さまざまなトラブルに巻き込まれ、頭を悩ませている大家も増えています。

「空室」が埋まらない！

不動産オーナーの悩みの中で、最も多いのは空室です。

不動産投資で物件を購入する際の指標として「利回り」があります。「年間賃料収入÷購入金額×１００」で算出しますが、この計算の際、賃料収入は満室を想定して行われます。

数字上はいくら高利回りでも、実際に空室があれば、計算通りの利益は得られません。

満室稼働していなければ、その計算には意味がないということです。

物件の規模や借入の状況にもよりますが、何室までの空室に耐えられるかという計算も非常に重要で、ある一定の空室数になれば賃料収入だけでは成り立たず、預金や給与から持ち出しをしなくてはいけません。このような赤字経営に陥れば、オーナーとしては死活問題です。

特に繁忙期でも埋まらなかった場合や空室が長い場合など、オーナーが管理会社の変更を検討することはよくあります。実際、管理会社を変えたことで、それまで数カ月埋まらなかったのに、すぐに入居が決まったというケースも多々あります。

ある例では、どうやら元の管理会社が「レインズ」（業者間の情報ネットワーク）に情報を載せていなかったそうです。店舗のある会社ほど情報を外に出さず、自社だけで客付けを行おうとするケースはよくあります。自社で決めれば、オーナー側と入居者側の両方から報酬をもらえるからです。

本来なら空室の情報は広く周知して、とにかく一刻も早く客付けすることが管理会社の務めです。それを理解せず、自社の利益だけを追求している管理会社も多いのです。

滞納する入居者

滞納も不動産投資ではありがちなリスクです。

現在では「保証会社への加入を必須」としているオーナーが一般的ですが、一昔前は保証会社ではなくて、保証人を立てて契約していました。

そのためオーナーチェンジ物件を買った際に、保証会社に加入していない入居者がいることがあります。加入していないのは仕方ありませんが、その入居者が頻繁に滞納をしている事実を購入後に知るケースがあるのです。

本来であれば、滞納する入居者がいれば契約前にしっかり伝えるべきです。実際、私が売買としてオーナーチェンジ物件を扱う場合には、必ず滞納をしていた人がいないかという告知事項を重要事項説明書に入れています。

また、管理会社を変更する際には、賃貸借契約書を見ながら賃料表を作り、入金されているかどうか、保証会社に加入しているかもチェックしたうえで契約を行うので、そうしたトラブルはまずありません。

そうはいっても、それまでは滞納がなかったのにリストラや病気などの理由で急に滞納が始まることもあります。

これは本当に困っている人が多いのですが、大家と入居者で比べた場合、入居者は法律で手厚く保護されており、「滞納」をしたからといって、すぐに退去させるわけにはいきません。裁判など正式な手続きを踏まない限り強制執行（強制的な退去）が行えないのです。

オーナーにとって家賃滞納は他人事ではありません。不動産賃貸事業を行う限り付いて回る問題であり、困っているオーナーも多いのが実情なのです。

悪質な入居者

騒音やゴミ出しのマナー、放置自転車、駐車場内トラブルなど、入居者同士のトラブルもオーナーを悩ませる問題です。

下の階の住民から上の階の住民に対して「足音がうるさい」というクレームが出たと

します。一見、上の階の住民が悪いようなイメージを持ちますが、実際には上の階の住民は常識の範囲内で生活しており、下の階の住民が神経質すぎるということもあります。

もしくは上の階の物音だと思っていたものが、実は別の部屋が原因だったりするケースもあります。こうした入居者同士のトラブルはしっかり調査しないことには問題解決に至りません。

単一の情報だけを鵜呑みにするのは危険なのです。かといってサラリーマン投資家が丁寧なヒアリングをする時間的余裕はないはずです。だからこそ管理会社に頼ることになります。

また、注意をしたら収まった、お互いに気をつけてくれるようになった。という風に解決すればいいのですが、万が一、モンスター入居者がいたら問題解決は困難を極めます。共同住宅においてルールを守らない入居者やクレームの多い入居者――いわゆるモンスター入居者がいる場合、より一層、管理会社の存在が重要になります。何せ相手は理屈が通じません。正しいことを言ったとしても通用しないので、いかにコントロールしていくかが肝となります。こちらも滞納同様に簡単に退去させるわけにはいきません。

また、こういった問題に対して関わり合いたくないのは誰もが同じですが、オーナーや管理会社が放置をしてしまうと、優良な入居者までが退去しかねません。

中には「こんなにひどい人がいるんだ」という入居者に出会うことがあります。そんなとき、クッションとなってくれる管理会社が無能だったらどうでしょう。自分で対処するしかなくなり、金銭的・精神的に大きなダメージとなります。

私の経験でも悪質入居者と対峙する例はあります。その入居者（Aさん）は、さしたる理由もなく隣の部屋の玄関を蹴飛ばす傾向があり、それで入居者が退去したことが2度ありました。

私は対応策として、（自分はAさんが犯人であることが分かっていながら）「迷惑行為をする人を知りませんか？」というチラシを作って定期的に配り続けました。他にも「問題が発生したら警察を呼んでください」と言ったり、防犯カメラを付けたりしました。結果、Aさんは退去されました。

私はこういうときこそ、管理会社の力の見せ所だと考えますが、多くの管理会社では的確な対処ができず、問題が長期化するケースもままあります。

想定外のコストが発生

入退去の際に発生するコストは代表的な悩みの一つです。

また購入時点では、利回りやキャッシュフローばかりに目が行き、月々にかかる管理運営のコスト、入退去に関わるコストを軽く見ている人は多くいます。

そもそも区分マンションには管理費、修繕積立金といった空室であってもかかるコストがあります。一棟アパート・マンションであれば共有部の光熱費や定期清掃費などです。下水のいきわたっていない地方であれば、浄化槽の点検や清掃にもコストがかかります。

また大規模マンションになれば、エレベーターや消防設備の点検など定期的にかかるコストもさらに増えていきます。

それから、これも地方の大規模物件に多いのですが、広い土地と法定耐用年数の長いＲＣ造の建物であれば、固定資産税の負担が重くなります。これもまた空室の有無にかかわらずかかってくる費用となり、収益を圧迫します。

それ以外に不定期の出費もあります。建物が古くなれば修繕費がかかりますし、空室を埋めるためには仲介手数料とは別に、客付会社に支払う広告費（広告費とは広告宣伝費用のこと。家賃の１カ月単位でオーナーより不動産会社へ支払われます。その仕組みについては後述します）などの費用もかかります。広告費はエリアにもよりますが、家賃の１～２カ月分が多いものです。しかし、賃貸住宅が供給過剰となっているようなエリアでは３～４カ月分であることも珍しくありません。

急な設備の故障や入退去はオーナーがコントロールできることではありません。想定外の出来事が立て続けに起これば、あっという間にキャッシュアウトになる恐れがあるのです。

「ズサンな管理会社」の実態

このような切実な悩みを抱える多くのオーナーは、管理会社に対して大きな不満を抱いています。よくあるのは管理会社自体には問題ないものの、担当者が頻繁に変更になるというケースです。経験のある担当者のときは順調に経営できていたのが、知識や実務経験の浅い新人担当になった途端、空室が増えてトラブルも増えるという話をよく聞きます。

管理会社の種類については第3章で解説しますが、客付けをメインとして行っている全国チェーンの大手管理会社の場合、店名こそ全国区で地名度があり客付けするパワーもあるのですが、離職率が高く管理が脆弱というケースもあります。また、客付けに時間を取られ、オーナーに対する提案に時間が取れないことも多くあります。

また管理会社としては非常にしっかりしており信頼もできるが、客付けに弱いというケースもあります。多くの管理会社は管理に特化しており、客付けについては客付けを専門に行う賃貸仲介の会社に依頼しています。

そのため、近隣の賃貸仲介会社への情報の周知はもちろんのこと、賃貸仲介会社のニーズをヒアリングするといった努力が大切です。しかし、そういった習慣がない昔ながらの管理会社や、日常の管理業務に追われておざなりにしてしまっている管理会社は、客付けがまったくできない管理会社になってしまいます。

特に遠隔地にある物件の管理を委託している場合、管理運営に関わるさまざまな業務がきちんと行われているのか、マメに確認しに行くことができません。

実際のところ、ちゃんとしていなくても、オーナーを騙《だま》そうと思えば騙せるわけです。

だからこそ、信頼関係が築けているかは非常に重要です。

以下で、実際にオーナーが抱く管理会社への不満の声を紹介します。

提案力が低い

「客付けと管理が一緒の場合など手が回らない」ということもよくあります。空室が続いていたり、入居者トラブルが発生したりという状況でも、管理会社が何の提案もせずにほったらかしということがあります。

誰でもそうですが、満室で問題もなく稼働しているときは何とも思わないものの、いざ空室になって埋まらない期間が長引くと、「何でそんなこともしてくれないんだろう」「本当に客付けの募集をしているんだろうか？」などと管理会社に不安を持ちます。

管理会社の立場からすると、１人あたり数百戸を担当していることも珍しくありません。本来であれば「こちらから提案や報告を積極的にしていこう」と思っている担当もいるはずです。けれども実際には、その余裕がなく、すべてにフォローできていないというのが現実なのです。

そもそもオーナーが何を求めているのか、把握できていない管理会社が多いのも事実です。もしそれを理解することができれば、業務を効率化したり、より重要なコミュニケーションに時間をかけたりすることもできるはずです。

しかし実際の話でいうと、管理会社の管理戸数にもよりますが、1人あたりの仕事量、費やす時間は決まっています。だから余計な仕事を避けたがるのです。どこかで無理をすると、目が届かなくなります。オーナーへの提案は、やってもやらなくても給与が上がるわけではないので、担当レベルでも消極的になりがちです。

またクレームが出やすい物件ほど事前にうまくコントロールしないといけないのに、大家に電話をしてきて、クレームを「右から左へ流す」だけの管理会社もいます。

高額なリフォーム代を請求

提案をまったくしないのとは逆に、「きちんとした説明もなしに勝手な提案をしてくる」なども典型的な悩みです。

具体的にいうと「高額な価格のリフォームの提案」などです。

例えば、キッチンの水栓が壊れて交換が必要なとき、「キッチンごと取り換えましょう」などと言ってくるのです。本来であれば、水栓のみを交換すれば済む話なのに、深く考えずに高額な設備交換を提案するのです。

なぜなら、なるべくコストをかけずにリフォームしたいというオーナーの思いが管理会社には理解できないからです。そもそも地主大家とサラリーマン大家では、かけられる修繕費も変わります。その点に理解が及ばず、工事費には管理会社のマージンが乗っているので、収益を上げるために高額な提案をしてくることがあります。

悪質な管理会社だと、家賃が5万円程度にもかかわらず、百万円以上のリフォームをしてしまうケースがあります。「これが標準仕様です。この仕様でなければ客付けできません」と強引に工事をしてしまうのです。本来であれば不要なリフォームであっても、オーナーは有効な反論ができません。結果、費用対効果の低い、しなくてもいい高額リフォームをしてしまうのです。

報告を怠る

困った管理会社のパターンとして、「意思疎通がしにくい」ということも挙げられます。例えば、「メールで連絡が欲しいのに電話でくる」「急ぎの用件は電話で欲しいのにメールで連絡がくるので対応が遅れた」「質問に対しての回答がこない」です。

特に都市圏でサラリーマンをしている人は、いわゆる「報・連・相」が常識だと思っているので、レスポンスがなかったり遅かったりすると不安を抱くものです。実際のところ、オーナーから問いただささないと報告をしてこない管理会社も一定数存在します。

きちんと報告をしない管理会社だと、必要以上にストレスがかかります。報告が来ないので電話やメールで問いただすと、「すぐに確認します」「現在対応中です」などといった答えがきます。

「いつになったら分かりますか?」とさらに質問をすると、「来週ですね」と回答がきたので「では、必ず来週連絡ください」と伝えます。しかし、それでも連絡がこないのです。

これは一般的なビジネスシーンではまず見かけないことです。とくに修繕では写真付きのレポートが欲しいものですが、その要望に応えられていない管理会社は多いものです。

クレーム対応や修繕など、何らかの動きがあればレポートを作成するのは私にとっては常識ですが、管理会社によってはそうしたことを一切行わないということもあります。管理会社の常識はその会社によって変わるものです。

やりとりが煩雑

オーナーの不満として「担当者の変更が多い」ことも挙げられます。

大手の管理会社だと人事異動の頻度が高く、最初の店長と話をして気に入ってその管理会社に決めたのに、繁忙期が終わったら別の店長に変わってしまった。店長が変わったことで客付け力が落ちてしまった。さらには新たな営業部長がきて一気に客付け力が高まったものの、今度は管理力が落ちて入居者の質が悪化した……ということがあるのです。このように、店舗の責任者の交代によって、管理会社の質も変わります。

また、人事異動や離職により担当者が年に数回変わったあげく、その引き継ぎがきちんとできていない……といったこともありがちな話です。

その他、「物件担当が複数いて連絡が煩雑」という問題もあります。

大手の管理会社の場合、客付け、リフォーム、経理など複数の部署に分かれているうえに、横の連携を取らずそれぞれから連絡がくるということがあります。退去後、客付け担当は家賃をいくらにするか聞いてきて、リフォーム担当は原状回復工事の日程調整の連絡、経理担当は敷金精算の連絡……このように、1部屋空いただけなのに、多いときは1日10本もの電話をしなければならないこともあるのです。これは、大手ほど起きやすいといえます。

虚偽の報告をする

また悪質な管理会社では、行われているはずの工事を行っていなかったということがあります。地方物件でオーナーが管理会社に丸投げしているような場合に起こり得ます。

「エアコンの交換をした」ということで管理会社から請求があり、たまたま仕事の関係でその地方に行く機会があったので、実際に足を運んでみると、エアコンが交換されていなかった……というオーナーの話を聞いたことがあります。

不審に思って管理会社へ問い合わせをすると「別の部屋でした」などと言うのです。別の部屋は現在入居中で確かめるすべはありません。そんなことをされると、その担当者がすべて嘘をついているように感じてしまいます。

しっかりした管理会社であれば、写真付きのレポートを作るものです。少なくとも交換時には報告をするものですが、ズサンな管理会社であれば「請求書を送るだけ」ということも多いのです。

してもいない工事代を請求するのは悪質ですが、オーナーが遠方で訪れないことからつけ込む会社は多いものです。前述した割高なリフォーム代を請求したり、しなくてもいいリフォームの提案をしたりといったことは頻繁に行われています。

いい加減な入居審査

空室を長らく放置するのも考えものですが、「とにかく入居が付けばいい」という考えもリスクが高いものです。

あるオーナーから相談を受けた話ですが「入居者の情報が事実と違った」ことがあったそうです。

保証会社の審査では表面上の内容は問題ないのですが、実はその入居者は「過去に悪質なクレーマーだった」というケースです。

その問題入居者は地元でも有名でした。にもかかわらず、きちんと確認もせずに入居させてしまったといいます。担当したのは新人だったそうですが、それでもオーナーにとって大きなダメージになるので、損害賠償が発生してもおかしくはないでしょう。

通常、そうしたリスクを回避するために、問題入居者（もしくはその予備軍）がいる場合、管理会社はその旨を説明するものです。

とはいえ、いくら表面上の審査や本人確認をしても、入居後に発覚することも多いものです。そのため、管理会社は入居申し込みをしっかり確認する必要があると考えていますが、中には「入居さえ付けばいい」と考えている管理会社もあるのが現実です。

本来、賃貸経営の目的は、「収益を得ること」のはずです。そのためには、いかに不要なコストを削減し、入居率を高められるかが重要なポイントになります。

しかし、大前提となる考え方を見失っている管理会社があまりにも多いのです。大半の管理会社は目先の収益ばかり考えており、オーナーの投資戦略を考えたうえでベストな提案ができている会社は、多くはないのが実態です。

「入居者獲得競争」は激しさを増す一方

ここ数年で「人口減少問題」は、人々の注目を集めており、人口減少による経済的損失を軽減するために、地方でも利便性の高い都市部への「一極集中」が加速するといわれています。こうした動きは、商業施設・行政サービスなどの生活に必要な施設を郊外から都市部に集約させ効率を重視した町にするコンパクトシティ化とも連動しています。

そうした中で地方・郊外に物件を持っていたら、どうなってしまうのでしょうか。

基本的には、どんなエリアであろうと、賃料を下げていけば入居者は見つかるといいます。しかし、元から土地を所有している地主ならまだしも、多くのサラリーマン大家は融資を使って物件を購入しています。最低限、ローン返済をして月々の経費を支払ったうえでキャッシュフローが残らなければ、破綻してしまいます。

また、資産性の問題もあります。都心の物件であれば「資産価値があるから低利回りでも構わない」という考え方もありますが、地方の物件であれば利回りを重視しているケースが多いです。

そのためには物件を高稼働させること、家賃を下げないことがとても重要なのです。この考え方は、今後さらに求められるようになるでしょう。

人口減少に伴って、賃貸需要が今後どんどん減っていくエリアも出てくるはずです。その状況を見極めてどの管理会社に頼めるかも重要なポイントになります。

こう書くと、「東京をはじめとした首都圏の賃貸経営がラク」と感じるかもしれませんが、必ずしもそうではありません。都会は供給も多い、つまり競合が多いので、立地が良くても満室にならない物件というのは存在します。

例えば、東京で区分マンションが密集して建っている地域があります。まわりに地主の一棟マンションやアパートもあり、半径１００メートル以内に何百戸と物件が存在します。

しかし、これが地方で10キロ圏内に数棟しか競合がいなかったら、それは需給バランスが崩れていない、投資にふさわしいエリアだといえるのです。

また不動産投資では「立地がすべて」といわれますが、実際は「安くすれば借り手は見つかる」ものですので、東京でも立地が悪いボロ物件でも、割安で購入し半額の家賃で募集できれば、入居者は現れるでしょう。

つまり、「都心だから良い、地方だから悪い」という単純な話ではないのです。人口減少の問題を受けて「昔は良かった」という人がいます。しかし、どの時代でも人気があって満室経営できる物件はあるものです。

何事もそうですが、「時代」のせいにして思考停止になってしまうのは感心できません。特に不動産投資を行う方々は、ニーズや市況を常に追いながら次の動きを考え続けなければなりません。

「管理の失敗」は死活問題

ここまで「都心」と「地方」で比較してきましたが、この「地方」というのは文字通りの「地方」のみを示すわけではありません。厳密にいえば、千葉や埼玉、都内でも23区エリアなどでも同じような状況が当てはまる可能性があります。

他にも、大阪や福岡、名古屋といった主要都市や新幹線が停まる駅であっても、賃貸物件の供給過多により家賃の値崩れが起こっています。

そもそも高利回りには何かしらの致命的な理由（リスク）があると考えるべきです。しかし実際には、「自分は把握しているつもりだ」と思って買っても、あとから「こんなはずじゃなかった」という結果になることはよくあります。

例えば、利回り10％を超えるような高利回り物件であっても、利益がほとんど残らない……という現実があります。というのも、いわゆる高積算（土地、建物の評価が高い）の物件では、敷地面積が広くなりがちです。またファミリー物件であれば1部屋の面積が広いため、退去時の原状回復工事（元の状態に戻すための工事）が高額になります。私の知り合いのオーナーの元へ、退去後の必要最低限の原状回復工事で80万円の請求書がきたという例もありました。偶然にも3室の退去があり、請求は200万円を超えたといいます。

加えて大規模RC物件だと、共用部の修繕に100万円単位でかかることもあります。こうした結果、家賃収入だけでは経費やローン返済が間に合わず、給与や預金からの持ち出しをしなくてはいけなくなってしまいました。これでは不動産投資をなぜ始めたのか、という話になってしまいます。

キャッシュフローでは足りなくなり、給与から持ち出しをするような自転車操業では、やがて現金が枯渇してしまい、退去しても原状回復すらできず入居募集もできなくなってしまいます。

そして管理会社からは「この大家さんは請求しても払えないんだ」と切り捨てられてしまいます。そうなると破綻するのも時間の問題でしょう。

とはいえ、何もしてくれず、ただ請求書だけを送りつけてくるような管理会社もあるのは事実です。

不動産投資に複数の手法が存在するように、賃貸経営にもさまざまなやり方がります。いかに多くのヒキダシを持ち、オーナーに提案できる管理会社に出会えるか、それが重要なのです。不動産投資が成功するのか、失敗に終わるのかを左右するカギは「管理会社」が握っているといっても過言ではありません。

きちんと管理されていない物件は荒れ果てていく

また、地方物件にありがちな出費として、広大な共有部の管理費用があります。敷地内の雑草除去費用1つとってもバカになりません。規模が大きい物件だと、50万円以上になることもあります。

加えて敷地が広いと、放置自転車やタイヤ、家電などを不法投棄されることがあるため、それらを処分する必要が発生します。中には、退去時に粗大ゴミを置いたまま引っ越してしまう入居者もいます。

このような敷地内の管理は思っている以上に大変です。遠隔地であれば管理会社に任せるか、オーナー自身が何らかの対策をしなくてはなりません。不法投棄であれば現場を押さえなくてはいけませんし、放置自転車であっても勝手に捨てるのではなく、入居者に確認、警察に盗難届がでていないか確認と段階を踏んでから処分します。

こうしたトラブルにスムーズに対応できる管理会社なのか、報告することもなくただ放置する管理会社なのかで、その物件の資産価値までが変わってしまうのです。

もちろん、都会だからといって安心もできません。

築年数が経った物件であれば、設備の交換から大規模修繕（外壁・屋上防水など）の必要もあり、高収益物件を購入したはずなのに、前項で解説したように物件の規模によっては1000万円を超える修繕費用がかかるケースがあります。そのため手元にキャッシュフローがまったく残らなくなります。

いずれにしても物件をきちんと管理していなければ、どんどん荒れていくものです。

ありがちな話として、共有部に放置されたゴミです。一見してゴミと分かるのであればまだいいのですが、積み重ねられた段ボールなどを部屋の前に置く入居者もいます。何かの理由で使うために置いてあるようにも見え、捨てるべきなのか判断が難しいのですが、そのまま放置しておくと、その段ボール箱を中心にどんどんゴミが溜まっていきま

放置自転車

不法投棄ゴミ

す。

これは「割れ窓理論」と言われています。割れた窓が1枚でもあると、管理が行き届いてない建物だと認識され、他の窓も割られたり、ゴミを不法投棄されたりして、どんどん荒れていく……という負の連鎖を導いてしまうのです。

だからこそ管理会社の定期巡回や、そのレポートが大切なのですが、そこを重視していない管理会社は多いものです。その結果、自身の物件で起こっている問題をオーナーが把握できていないケースもあるのです。

第2章

不動産投資は「管理会社選び」が9割

厳しい環境で勝つためのカギは「管理会社」が握る

不動産投資を行うステップは、大きく「準備」「物件選び」「融資」「管理」「出口」などに分かれます。

この中でも特に初心者の場合、「どういう物件を買えばいいのか」「どうやって銀行からお金を借りるのか」などの購入前の部分に注目しがちです。

確かに本当に割安な物件はすぐになくなってしまうので、管理や出口のことを考える余裕がなく、とりあえず買っておこうと考える気持ちも理解できないわけではありません。

しかし、不動産投資の王道であるインカムゲイン（運用益）で資産を築こうとするならば、「管理」は何よりも重要なポイントになります。

「管理」について詳しくは次項で説明しますが、業務として挙げれば、一般的に次の内容です。

・集金業務
・クレーム対応
・建物の管理
・修繕の手配
・退去の立会い
・契約業務
・入居者募集

これらをオーナー自身で行えば「自主管理」となりますが、多くのオーナーは管理会社に「管理委託」をしています。管理会社では基本的に同じことをするのですが、その「やり方」はかなり異なります。

そもそも管理会社の「仕事」って？

管理業務をさらに詳しく見ていきましょう。管理会社の業務は、大きくＢＭとＰＭに分かれます。ＢＭは「ビルディングマネジメント」の略で、一言でいえば「ハード面での業務（建物管理業務）」です。具体的には以下の通りです。

・建物の共有部分の定期清掃
・巡回管理
・植栽の手入れ
・消防設備、エレベーター、給水ポンプなどの点検
・受水槽点検
・排水管清掃
・24時間受付業務など

これらのうち、どの業務を行うかは管理会社によって異なり、別途オプション費用がかかる項目もあります。定期清掃を含めて受託する会社もあれば、清掃は行わない管理会社もありますし、外部の会社を紹介してくれるパターンもあるでしょう。実際、自社で管理業務を行う管理会社よりも、外部の専門業者に発注するほうが多いといえます。管理会社の母体が工務店や建築会社、リフォーム会社だったりすると、パッケージ化されていたり、自社で引き受けることもあります。

巡回管理に関しては、契約に含まれている会社とそうでない会社があります。また、24時間受付業務も別途費用がかかる可能性があります。

続いて、ＰＭは「プロパティマネジメント」の略で、「ソフト面での業務（管理業務）」になります。具体的には以下の通りです。

・入居者募集（リーシング）
・賃料等の徴収
・未収金の督促

・管理費用の支払代行
・月次報告書の作成および送付
・入退居立会い
・建物、設備のクレーム等への対応
・その他のクレーム等への対応
・賃貸借契約に基づく貸主、借主との連絡調整
・空室管理

その多くは入居者に関わる部分です。入居募集から契約、入居後の対応、集金、退去まで、そのすべての管理を行いますが、とくに入居時には入居審査、保証会社申し込み、保険の申し込みなども大事な役割です。家賃保証会社加入については必須といわれており、保険についていえば、家財保険、火災保険ともにオーナーにとっても手助けになるケースがあります。この件についてはご存知ないオーナーも多いようです（第4章で改めて解説します）。これらの加入費用は入居者が支払うものであり、オーナーに支払い義務はありません。別途費用に関していえば、退去立会いは基本料金内ですが、原状回

復費はオーナー負担になります。例えば、立会いのときに「原状回復するのに30万円かかり、そのうちオーナー負担が5万円、残りの25万円が入居者負担です」という判断を管理会社が行います。経年劣化はオーナー負担、入居者による不備で破損した場合などは入居者負担になることが一般的です。

ちなみに、退去時の修繕負担責任について定めた「東京ルール」という基準があり、それを元に判断が行われます。「東京ルール」は東京都がつくった「賃貸住宅紛争防止条例」のことで、2004年に制定されました。

「東京ルール」では、退去時の原状回復・入居中の修繕の費用負担の原則など、実際の契約の中で借主の負担としている具体的内容が定められています。

現在は東京だけでなく、全国で対応するよう推進されています。おそらく東京ルールに基づいて各地方もガイドラインを決めていくのではと考えています。

かつては多くの場面で、入居者に不当に請求が押し付けられていました。ところが今では本来であれば入居者負担になる修繕費でさえ、オーナーに請求するケースが増えています。その判定をする退去立会いを行う管理会社が、しっかりとした知識を持ち、正当な判断ができないとオーナーの不利益につながるのです。

これらの負担区分は一般的な例示であり、損耗等の程度によっては異なる場合があります。

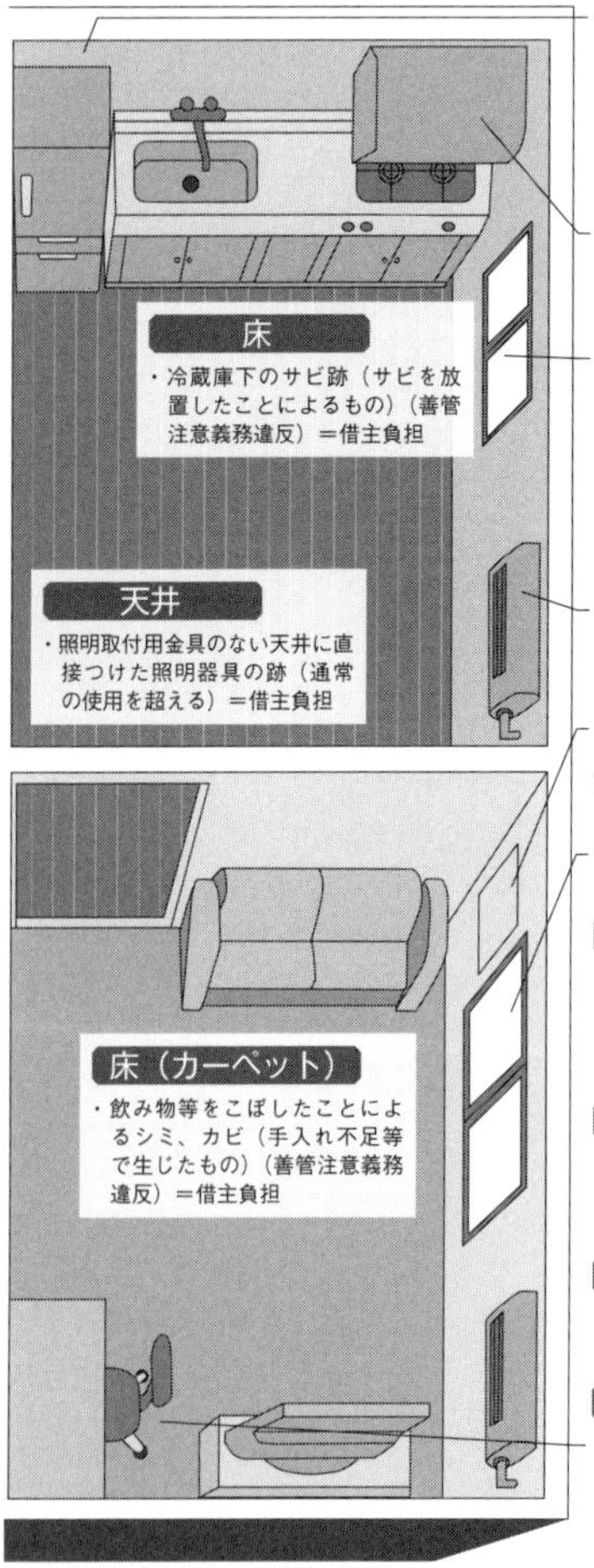
床
・冷蔵庫下のサビ跡（サビを放置したことによるもの）（善管注意義務違反）＝借主負担
天井
・照明取付用金具のない天井に直接つけた照明器具の跡（通常の使用を超える）＝借主負担
床（カーペット）
・飲み物等をこぼしたことによるシミ、カビ（手入れ不足等で生じたもの）（善管注意義務違反）＝借主負担

壁（クロス）

・冷蔵庫の後部壁面の黒ずみ（いわゆる電気ヤケ）（通常損耗）＝貸主負担
・台所の油汚れ（使用後の手入れが悪くススや油が付着している場合）（通常の使用を超える）＝借主負担

水回り

・台所の消毒＝貸主負担
・ガスコンロ置き場、換気扇の油汚れ、すす（手入れを怠ったことによるもの）（善管注意義務違反）＝借主負担

建具

・網入りガラスの亀裂（構造により自然発生したもの）＝貸主負担

居室全体

・ハウスクリーニング（専門業者による）（借主が通常の清掃を実施している場合）＝貸主負担

壁（クロス）

・クーラー（借主所有）から水漏れし、放置したため壁が腐食（善管注意義務違反）＝借主負担
・エアコン（借主所有）設置による壁のビス穴、跡（通常損耗）＝貸主負担
・壁に貼ったポスターや絵画の跡（通常損耗）＝貸主負担

建具

・地震で破損したガラス（自然災害）＝貸主負担
・網戸の張り替え（破損はしていないが、次の入居者確保のために行うもの）＝貸主負担

壁（クロス）

・クーラー（貸主所有）から水漏れし、借主が放置したため壁が腐食（通常の使用を超える）＝借主負担
・テレビの後部壁面の黒ずみ（いわゆる電気ヤケ）（通常損耗）＝貸主負担

床（フローリング）

・フローリングのワックスがけ＝貸主負担
・色落ち（借主の不注意で雨が吹き込んだことなどによるもの）（善管注意義務違反）＝借主負担

床（カーペット）

・家具の設置による床、カーペット等のへこみ、設置跡（通常損耗）＝貸主負担

床（フローリング）

・キャスター付のイス等によるキズ、へこみ（善管注意義務違反）＝借主負担

「賃貸住宅トラブル防止ガイドライン」～賃貸住宅紛争防止条例＆賃貸住宅トラブル防止ガイドライン　改訂版（リーフレット）～
出典：東京都住宅政策本部 http://www.juutakuseisaku.metro.tokyo.jp/juutaku_seisaku/tintai/310-23-00-jyuutaku.pdf

貸主・借主の負担区分の図解（一般的例示）

負担区分の基本的な考え方

貸主負担：「経年変化」「通常損耗」
借主負担：「借主の故意・過失や通常の使用方法に反する使用など、借主の責任によって生じた損耗やキズなど」「故障や不具合を放置したり、手入れを怠ったことが原因で、発生・拡大した損耗やキズなど」

鍵

・鍵の取替え（破損、紛失のない場合）＝貸主負担
・鍵の破損（不適切使用）、紛失による取替え＝借主負担

設備

・日常の不適切な手入れもしくは用法違反による設備の毀損（善管注意義務違反）＝借主負担
・設備機器の破損、使用不能（機器の耐用年数到来のもの）（経年劣化による自然損耗）＝貸主負担
・浴槽・風呂釜等の取替え（破損等はしていないが、次の入居者確保のために行うもの）＝貸主負担

水回り

・風呂、トイレ、洗面台の水垢、カビ等（使用期間中の清掃や手入れを怠った結果、汚損が生じた場合）（善管注意義務違反）＝借主負担
・トイレの消毒＝貸主負担

建具

①飼育ペットによる柱等のキズや臭い（善管注意義務違反）＝借主負担
②ペットの飼育が禁じられている場合の①＝借主負担（用法違反）

壁（クロス）

・クロスの変色（日照など自然現象によるもの）（通常損耗）＝貸主負担
・タバコのヤニ
①喫煙等によるヤニでの変色や臭いの付着で、通常の使用による汚損を超えると判断される場合＝借主負担
②喫煙が禁じられている場合＝借主負担（用法違反）
・画鋲・ピン等の穴（下地ボードの張り替えは不要な程度）（通常損耗）＝貸主負担
・くぎ穴、ネジ穴（下地ボードの張り替えが必要な程度）（通常の使用を超える）＝借主負担
・結露を放置したことにより拡大したカビ、シミ（通常の使用を超える）＝借主負担

床

・日照等による変色（通常損耗）＝貸主負担
・引越作業等で生じたひっかきキズ（善管注意義務違反・過失）＝借主負担

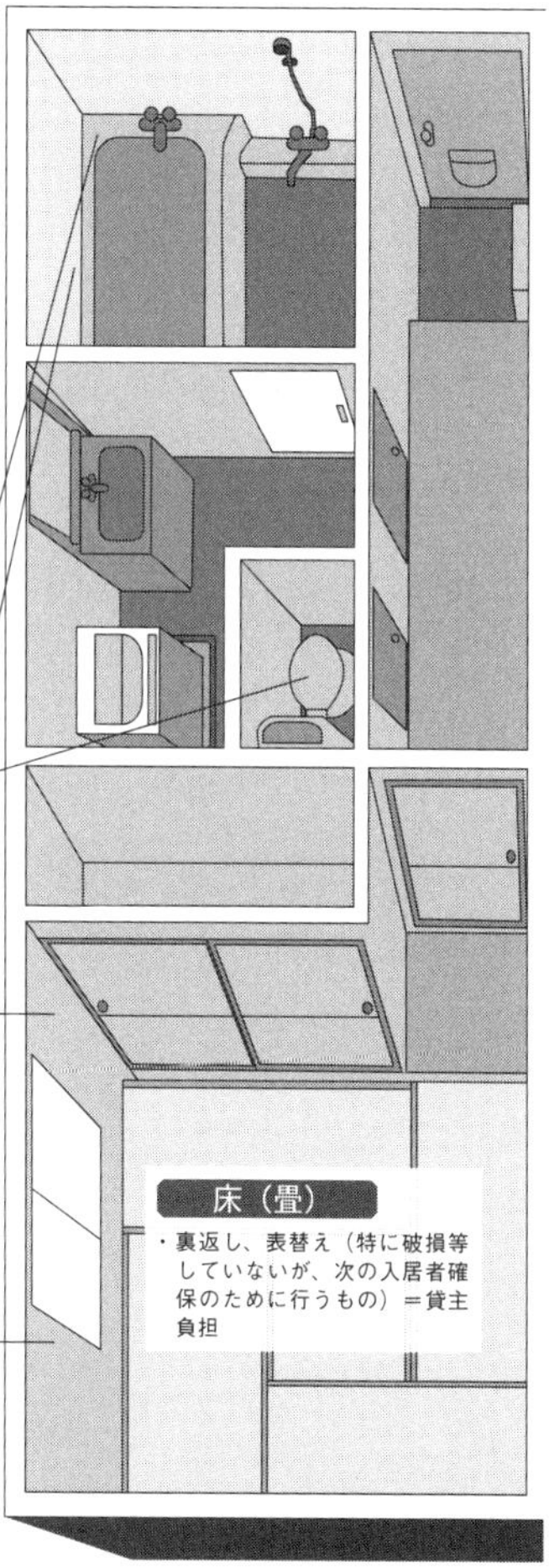

床（畳）

・裏返し、表替え（特に破損等していないが、次の入居者確保のために行うもの）＝貸主負担

「都心」と「地方」、管理会社はどう違う?

多くの管理会社では、複数の管理物件があるため、特定の物件に力を入れることはありません。

それではすべての物件に対して平等に対応しているかといえば、そうでもないのです。特に地方の管理会社では、地主や何十年も付き合いのあるオーナーを大切にする傾向があります。確かに、その土地に根付いた地主で物件も複数棟所有していれば、そちらを重視するのは理解できます。

ここ数年の不動産投資ブームでは、首都圏に住むサラリーマンが北海道や関西、九州など地方に物件を所有するケースが増えていますが、遠方に住む他所者《よそもの》である投資家が一棟だけ所有している状態で、その地に根付いている地主と同じ扱いにしてほしいというほうが無理な要求かもしれません。

多くの場合、関東圏を除く県庁所在地、政令指定都市ではない田舎のエリアは、その地域固有のルールや慣習があり、地元の地主大家、個人投資家を大事にするので、他所者は厳しく扱われがちです。

管理運営の考え方でも、地方であれば地主が多いため、ある程度の潤沢な資金がある前提でさまざまな提案を行ってくる場合もあります。彼らからすると土地・建物から取得する投資家の概念がないのでコスト意識が低いのです。そのため悪意なく「高額なリフォームの提案」を行うという背景があります。

とはいえ、地方でも北関東や北海道など投資家が多く参戦しているエリアでは、管理会社も投資家慣れしています。「投資家は広告費をしっかり払ってくれるのでありがたい存在」「地主よりも部屋をきれいにしている」と考えている管理会社は意外に多いものです。

東京と地方の大きな差をいえば、前述した「地主大家が主力である」「その土地ごとの慣習がある」ということの他に、客付けの方法に大きな差があります。

東京では客付けを専門とする賃貸仲介会社がありますが、地方では管理会社兼客付け会社というケースがほとんどです。また、不動産業界には「レインズ」という業者間ネットワークがあり、売買情報、賃貸情報を各業者で共有するシステムが整っています。

とくに売買では法律で定められていることもあり、掲載が必須（専任媒介、専属専任媒介において）となるため、東京の物件であれ地方の物件であれ、情報を登録しなくてはいけません。

そうなると北海道の業者が登録した東京にある物件の売買を、大阪の業者が取り扱うこともできます。

賃貸仲介でも同じように「レインズ」を利用できるのですが、賃貸情報を共有している地域は首都圏に限られます。つまり都内の物件であれば賃貸情報が複数の業者で共有できるのですが、地方では「レインズ」で情報をやりとりする習慣がないため、物件情報の拡散が難しいのです。

やり方としては、「スーモ」や「ホームズ」など不動産情報サイトへ掲載する、地場の業者に直接情報を送る、全国チェーンの賃貸仲介会社に情報を送るなどいくつかありますが、いずれにしても都内と地方では客付けの方法が異なります。

管理会社が、そのエリアに適した客付けノウハウを持っていれば、何ら問題がありませんが、中には物件情報を自社だけで止めているケースや、幅広く周知していないケースもあります。

初めて物件を購入する人で、物件購入時に、こうした事実を把握している人はほぼいません。だからこそ、管理会社の選び方が重要なのです。

なぜ「NG管理会社」が誕生するのか？

これまで私は数多く管理会社を見てきました。その中には、〝NGな管理会社〟がいくつもあります。典型的な例を挙げれば、かつて部屋さえ預かれば決まっていた時代のまま取り残されている管理会社です。

昔は賃貸住宅が足りない状態で、オーナー優位の状況でした。敷金・礼金も2カ月ずつ請求できていた時代です。それが賃貸住宅が供給過多となり空室がなかなか埋まらないような状況になっても、昔の感覚が抜けきらず、「部屋を修繕する」「家賃を下げる」といった提案しかできない管理会社はあります。ひどい会社になると、その提案すらせず空室のまま放置していることもあります。

その他の理由としては、昔ながらの管理の仕方が管理会社自体の首を絞めているケースもあります。

例えば、給湯器の故障、エアコンの故障といった住宅設備については、迅速な対応が求められます。特に給湯器やエアコンはインフラに近い、なくてはならない設備ですから、入居者対応もしっかり行わなくてはいけません。もちろん設備の手配、オーナーへの報告も必要です。

これらの連絡業務も、働いていて日中に部屋にいない入居者であれば、なかなか連絡が付かず工事業者への手配がスムーズにいかない場合もあります。この工事費用は管理会社への手数料も上乗せされていますが、実際に実務は発生しており、状況によっては管理会社の手間ばかりかかる割に利益がほとんどないということもあります。

このようなアナログな仕組みのため、管理戸数が増えれば増えるほど管理会社の社員は連絡や手配に忙殺されます。その結果、離職してしまったり、離職しなくても忙しさのあまり手が回らず、十分なサービスを提供できないということにつながるのです。

もちろん、企業努力によってそうした体質を改善しようとする会社もあります。しかし、多くの管理会社では、いまだに昔ながらの経営スタイルを取っています。

そうした環境で働いていると、だんだんと感覚がマヒしていき、最初のうちは「お客様にこんなことはできない」と思っていたことも「まあしょうがないか。これでいいや」などと妥協して仕事に取り組むようになります。そもそも自社で物件を保有していない管理会社であれば、オーナーの立場で物事を考えることができません。

目の前にある業務をこなすのが手一杯という状況の中、最初はどれだけマジメであっても悪環境が個々の社員に影響して、徐々にNG管理会社になってしまうのです。

「有能な管理会社」に委託するメリット

ここまでは、ひどい管理会社の実態や苦労しているオーナーの事例ばかりを紹介してきました。こうした管理会社を解約して、どのような管理会社を選んだらいいのでしょうか。私は有能な管理会社として、「PM（プロパティマネジメント）型管理会社」を選ぶことをお勧めします。

前述のPMは管理業務の内容でしたが、PM型管理会社とは簡単に説明すれば、賃貸管理に特化したいわば「不動産経営代行」型の管理会社のことです。駅前に店舗を構え客付けを行う管理会社は、客付仲介店を兼業していますが、PM型管理会社は客付店舗を持ちません。

だからといって客付けができないわけではありません。客付け専用の仲介店や大手、地場などすべての賃貸とのネットワークを持ち、リーシング（入居者募集）にも強いのが特徴です。こうしたＰＭ型管理会社に委託するメリットを紹介しましょう。

第一には、月々のランニングコストを見直して無駄なコストのカットを提案してくれます。また費用対効果が高いリフォームをしてくれ、稼働率が上がります。入居者からすると、たとえ物件が古くても丁寧なメンテナンスをしていれば評価は高くなるわけです。

さらに入居者に対しての対応もきめ細やかなため、長期にわたって入居者が付いてくれます。そして高稼働の状態で家賃を維持できていれば、賃貸経営の成果も上がるということです。

加えていえば、高値売却の可能性も上がります。市況は良いときも悪いときもあります。それを先読みして売買できれば理想的なのですが、現実には誰も市場を読めません。ですから、常に手持ちの物件の成績を上げていく姿勢が非常に重要となります。そうすれば、もし市況が良くなったとき、高く売れる可能性があるからです。

また、次の物件を買おうと思ったとき、所有物件の稼働率は銀行からチェックされます。もちろん、空室よりも満室のほうが銀行からの評価は高くなります。逆に空室が多いと、賃貸経営者としての評価が低くなります。

「融資が厳しい」といわれる今の時代だからこそ、実績があれば事業者としての信頼性が高くなります。買うことばかりに目が行ってしまう人は多いですが、こうしたことを考えておくべきでしょう。

うまく「アウトソーシング」して効率的に！

買い増しをしたい人は、所有物件の経営がうまくいっていることが大前提です。そもそも、そうでないと次の物件を持ちたいとは思わないでしょう。しかし最近は、所有物件の経営は今ひとつだけど、収益改善のために買い増すというケースも増えています。ですから、たとえ失敗物件を買ってしまっても、諦めずに改善する方法を探ってほしいと思います。そして、そのとき大切な存在となるのが管理会社でもあります。

優秀な管理会社の存在は賃貸経営におけるパートナーです。１人で闘っているのではなく、二人三脚で進める仲間がいるという気持ちになれるのです。

不動産投資の最大のメリットは融資というレバレッジによる投資スピードの速さです。資金を借り入れられることから、少ない元手でも大きな投資を行うことができて、規模拡大が可能となるのです。

ただし購入した物件をしっかり管理運営して、賃貸経営を順調に行うのが必須です。加えてメリットをもう1つ紹介すると、この賃貸経営において、あらゆることをアウトソーシングできる仕組みが整っているということです。賃貸経営で大きなウエートを占める管理運営のほとんどは管理会社が請け負いますし、管理会社が請け負いきれない部分でも、それを請け負う外注会社があります。

そのためオーナーが担当する部分は「物件を選んで購入する」そして「適切な管理会社を選んで発注する」という2点となります。

本書は購入のためのノウハウではなく、購入後の管理運営について特に管理会社選びに焦点を絞った書籍となりますが、管理会社選びと不動産投資の成功は、密接に結び付いているのです。

管理会社と付き合っていくうえで知っておいてほしいのは、「あらゆる営利企業同様、管理会社にもノルマがある」ということです。ただ、数字を求めて「とにかく管理戸数を増やせればいい」と考えている管理会社は避けるべきですし、遅かれ早かれ市場から淘汰されていくと思います。

顧客である不動産投資家が何を考えているのか……これを追求できている管理会社はごくわずかです。物件の保有をしていないため「オーナーの悩みとは何か。どうやって解決できるか」といったことを理解できないのです。

不動産業界は業種が多く、賃貸仲介、賃貸管理、売買仲介、工務店やハウスメー

PM型管理会社

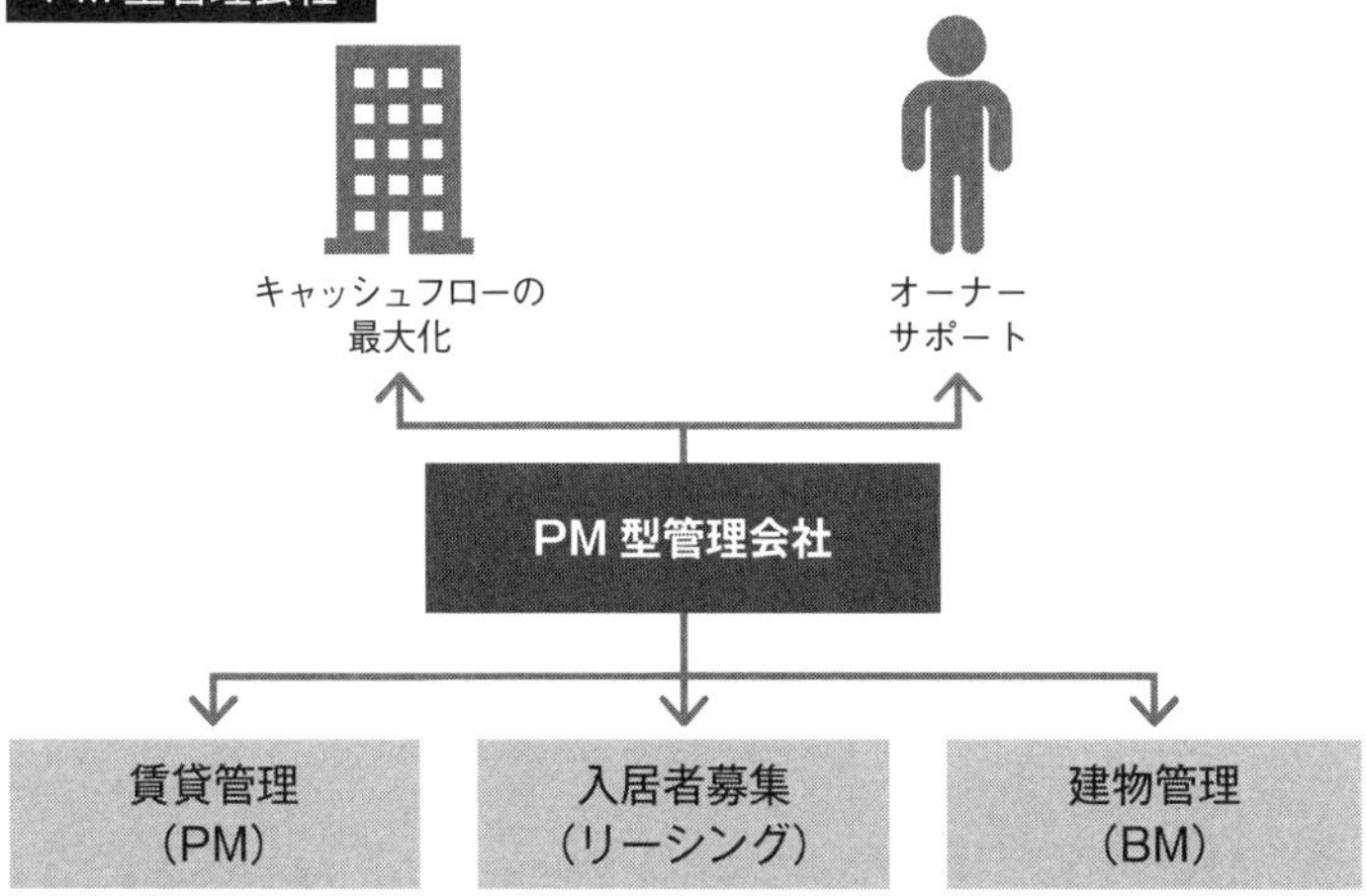

カーで建築だけでなく売買も扱うなど、さまざまなケースがあります。また取り扱う物件もマイホーム向けの物件や、オフィスや店舗、収益物件などさまざまです。

そのすべてに対してパーフェクトな不動産会社というのはありませんが、専門的に特化した中で、ベストを尽くす不動産会社を選択しましょう。詳しくは次章で解説しますが、その実態を知ったうえで、オーナーも管理会社を選ばなければなりません。

このとき、運に任せて探しても、優良な管理会社に出会える可能性は低いでしょう。なぜなら、不動産会社の種類に加えて、オーナーや物件のタイプによって合う・合わないがあるからです。よく検討せずに管理会社を選ぶと、収益に直接的に悪影響が出ますし、自身のメンタルもすり減っていきます。

第3章

これだけは押さえておきたい「管理会社」の基礎知識

管理会社が選ばれる理由

そもそもオーナーはどのような経緯で今の管理会社に委託をしているのでしょうか。詳細は順番に説明していきますが、その多くが何も考えず、そのまま引き継いでいることが多いものです。それ以外だと「有名だから」「駅前にあるから」といった漠然としたイメージだけで選んでいるケースが多いでしょう。中にはインターネットで調べて「安い」会社を選択するオーナーもいます。

一般的に、どのようにして管理会社が選ばれるのか。その理由と共にこれらの管理会社の特徴を紹介します。

理由①「親の代から委託している会社」に頼む場合

管理会社というのは、何かマイナスの事案が発生して初めて「変えよう」と思うものです。特にトラブルなどが発生しなければ、現状維持が基本です。そのため相続で賃貸経営を始めたオーナーは親の代から委託している会社にそのまま頼んでいることが多いものです。

この場合、基本的な考え方としては、クレームなどのトラブルもなく満室経営できていれば、委託を継続してよいかと思います。しかし、後に空室が出た、クレーマーが出た、建物が破損したなどの問題が生じる可能性はあります。このとき、その管理会社の真価が問われるといえます。

この場合、長期間にわたって物件管理をしていることから、物件をよく把握しているというメリットがあります。デメリットはどのような管理会社か、質が分からないということです。昔ながらの管理会社だと、やり方が古い場合が多く、また企業努力もしていません。

なお、このパターンには、地主以外のオーナーチェンジで購入した際に「前オーナーからの引き継いだ」もあります。要するに売主、もしくは前所有者から購入した投資家がそのまま管理会社も引き継ぐケースです。

理由②「管理委託手数料が安い管理会社」に頼む場合

不動産投資は数字を追い求めるビジネスですので、インターネット検索をしてそのエリアの最安の管理会社を探すこともあります。

管理委託手数料は、稼働している部屋に対して3～8％で、最も多いのは5％です。これが価格の安さを謳っている管理会社だと、1％や1室500円などという会社もあります。

そもそも管理委託手数料が安い会社は、戸数を増やすことに力を注いでそれ以外ができていないケースも多くあります。往々にして、稼働していない部屋に対しても費用を徴収するケースがあると聞きます。また客付け力が低く、地場の営業ルートがないため、入居募集の情報は「レインズ」に掲載するだけというパターンもあります。

理由③「購入した会社」に頼む場合

オーナーチェンジ物件で買った場合は、このタイプがよく該当します。

「購入した会社」の場合、売買仲介の会社としては優秀な会社であったとしても賃貸管理部がなかったり、営業マンがそのまま担当しているものの管理の業務まで手が回っていなかったりする恐れがあります。別に管理の部署があるのか、管理体制を確認する必要があります。

メリットをいえば、不動産売買や不動産投資について理解をしてくれますし、売ったからには満室経営しなければという気持ちを持って対応してくれるケースが多いでしょう。加えていえば、売買仲介の不動産会社であれば店舗を持たないため、ＰＭ型管理会社に近い管理業務をしてもらえる可能性が高いです。

また、東京の会社が地方の物件を扱う場合、土地勘などもないので心もとなく感じる可能性もあるでしょう。そうしたことは、トラブルが発生したタイミングで気づくものです。そのとき、自分が選んだ管理会社であれば、自分に対して納得する余地があります。しかし、深く考えずにそのまま引き継いだり頼んだりしてしまった会社だった場合、後悔の気持ちが強く残ってしまいます。

理由④「全国チェーンの大手・駅前にある地元の会社」に頼む場合

エイブル、アパマン、ミニミニなど、テレビCMでもお馴染みの会社です。不動産投資をしていなくても、一度は名前を聞いたことがあるはずです。正確には「客付会社」なのですが、管理部門を持っているので管理を委託することが可能です。

その知名度から、特に初心者は「安心できる」という理由で頼むケースが多いといえます。また、概ね好立地に店舗を構えているので、特に競合が少ない地方では「あそこに頼もう」と思ってしまいがちです。

同じく駅前に目立つ看板を掲げている地元の会社もあります。地元の会社であれば、確かに信頼できるでしょう。この大手の会社、地元の会社については次項で管理会社の種類を詳しく解説します。

管理会社の種類とは？

一口に管理会社といっても、成り立ちや立ち位置はさまざまです。一度決めると、なかなか変えると言いづらいので、しっかり選びたいものです。

例えば、管理業務だけを行う〝純粋な〟管理会社もあれば、客付けも兼ねている店舗型の賃貸仲介会社だったり、建築会社の管理部門だったり、ハウスメーカーが運営している管理会社だったり……といったイメージです。

また私の経営する会社のように、管理部門がある売買仲介会社もあります。

多くの売買仲介会社は、管理までワンストップで行うことが多いですが、実はその中でも各社の特徴があります。

例えば、管理が売買仲介の〝おまけ〟の存在になってしまう会社も見受けられます。管理部も管理担当もなく、売買担当がそのまま管理窓口を行う会社もあります。また、売買仲介の花形部署は「営業」なので、売上を立てられない（つまり〝仕事ができない〟と見なされた）社員が管理部に配属される会社もあります。

私自身は実績と経験のある社員を中途採用していますが、中には新卒を管理にあてがっている会社も多くあります。

良い管理会社に出会うために、まずは管理会社の種類を見ていきましょう。

パターン①「全国チェーンの大手」

前項の理由④で紹介した、全国チェーンの大手の不動産会社です。

メリットはＣＭを打っているため知名度が高いということ。大手ゆえに安心感があり、資金力があるため新商品の開発も容易です。

このタイプの管理会社に依頼した場合、基本的に自社で客付けを行うため、情報の周知の面で弱い傾向が見受けられます。加えて大手になればなるほど担当が分かれて責任感がなくなったり、サービス・リフォームなどあらゆることがマニュアル化されていたりと、その物件に見合った提案ができず、ただ決まりごとをこなすだけ……そのような対応もあります。

チェーン独自の保証会社を使っているケースもあり、管理会社を変更する際は、その保証会社の契約を引き継げないというリスクもあります。それが売却時や変更時のネックになる可能性もあるため、現在大手チェーンに管理委託をされているオーナーは保証契約の確認もしておきましょう。

また入居者に対するコスト負担が多いのも、このタイプの特徴です。24時間サービス、消毒料などの名目でお金がかかることがあります。

パターン②「地元の不動産会社」

このタイプは「地元で何代にもわたって経営してきた」「地元では有名な」会社です。建設会社が管理部門を設けていたり、客付店舗をいくつも展開している会社だったりします。当然、その町の地理、賃貸市場についても詳しく、オーナーにとっては頼もしい存在になります。

しかしその反面、昔ながらのやり方から抜け出せずリフォームは昔のまま、広告に関してはアナログなところもあったりします。また、「自分たちで入居を付けようとしている」という意味では全国チェーンに似ているところがあり、他の地元業者には依頼しない可能性が高いといえます。

特に地方の管理会社は主な取引先が「地主」になるので、他から来たオーナーは他所者扱いになってしまうこともあります。

不動産投資家のように、その地にいきなり現れ、しかも所有物件の戸数も多くないとなれば、管理会社にとって「大切なお客様」にはなりにくいでしょう。結果、建物管理の面で雑に対応されたり、問い合わせをしてもレスポンスが芳しくなかったり……といったことが起きるのです。

もちろんそうでない会社もあります。

パターン③「PM型管理会社」

第2章で紹介しましたが、管理会社の中には管理業務に特化した「PM型管理会社」があり、最近増えています。PMとはプロパティマネジメントの略で不動産経営に関するさまざまな業務をオーナーに代わり行う、いわば「不動産経営代行業」です。特徴としては客付店舗を持たず、客付けは別業務として「賃貸仲介会社」に外注します。今の時代、客付専門会社がたくさんあるにもかかわらず、コストのかかる店舗を持って自分たちでやっていくのは合理的な考えとはいえないでしょう。

それにインターネットの発達もあります。かつては店舗に足を運ぶ人が大半で、黙っていても集客できていましたが、今はインターネットでの検索・問い合わせが主流ですから、インターネット上での周知をしっかり行えば、好立地に店舗を構える必要性は低くなります。

したがって、管理会社が店舗を持たないというのも時代の流れで考えると、ごく当然のことといえます。管理会社が店舗を持っていないからといって、客付けに弱いとは限らないのです。

しかも、スマートフォンで検索するわけですから、ホームページがあって社長の顔写真と会社情報があれば、大手の管理会社のようなブランド力がなくても問い合わせは来る時代です。それも、そのエリアの賃貸仲介会社が地元の客付けをするような小規模な営業ではありません。赤羽の物件を新宿の業者が客付けするなど、常識です。広告費の多さで動くからです。

ただ、「客付け力」という意味では、都心部の業者のほうが強いといえます。それはシンプルに営業力が強いからです。都心部の客付会社で働く営業マンのノルマは、会社にもよりますが月に最低70万、80万円といわれています。仮に家賃6万円、広告費1カ月だと仲介手数料1カ月と合わせて12万円なので、月6、7件は最低限、契約まで達成しなければなりません。これが繁忙期になると、1・5~2倍のノルマになります。

こうした営業力の強い賃貸仲介会社と関係の深い管理会社を選ぶことが非常に重要です。また、管理会社が賃貸仲介会社と良好な人間関係を築けているのかも大切なチェックポイントです。オーナーがそのやりとりを見ることはできないにせよ、空室を埋めるためにどれだけ仲介会社へアプローチしているか、活動報告などで判断することはできるでしょう。

店舗のないPM型は、いかにしてオーナー・仲介・入居者と関係を築いているかが重要となります。空室が埋まらないPM型は活動が足りないと思います。

パターン④「契約形態によるサブリース」

サブリースとは一棟まるごと借り上げる契約です。借りている期間は家賃が保証されるため、たとえ空室があったとしても家賃収入が確保されます。サブリース会社は入居者を募集し賃貸契約を結びます。入居者からの家賃回収、物件管理業務などの一切はサブリース会社で行います。

メリットは、サブリース契約をしている限り家賃が保証されること。デメリットは、サブリース契約の場合、家賃の保証額が80～90％となるケースがほとんどであることです。

サブリースの考え方を改めて説明しましょう。

例えば、当初の満室想定が7万円だとします。しかしサブリース業者の査定は厳しくなりがちなので、6万5000円になったとします。さらに保証額は家賃の90％ということで6500円が引かれます。このようにサブリース会社も損をしないようなビジネスモデルになっているのです。

もしもサブリース賃料が周辺相場よりも高いならば、それは購入価格にサブリース賃料を織り込んで利益が出るようになっている新築物件である可能性が高いです。つまり、購入価格が割高ということです。お金に余裕があり、安心をお金で買いたい人向けといえるでしょう。

入居が厳しいエリアはサブリース不可が多く、サブリース会社が「勝てる」と思う物件しか付きません。

パターン⑤「建築メーカーによるサブリース」

建築メーカーによるサブリースとは、物件を建てたメーカーが提供している「○○年一括借り上げサービス」を指します。よくあるのは、「空室があっても家賃が入るから安心です。しかも30年契約です」という謳い文句です。

しかし、その言葉を疑うことなく契約してしまうと、数年ごとに家賃の見直しがあったり、高額な修繕費を積まないと契約解除になったりします。

そもそも管理会社がサブリースにするのは、そのほうが利益が取れると確信しているからです。ビジネス的に成功すると分かっているから、そうしたサービスを提供しているのです。

確かに「家賃保証」という言葉を聞くと、特に地主にとっては魅力的に感じるでしょう。地主の場合、自分から賃貸経営を望んだのではなく、業者に勧められたというパターンが多いからです。「あなたがたの土地をそのままにしておくと、莫大な税金がかかります。アパートを建てれば、家賃保証付きで経営ができますよ」などと営業マンに言われ、安心して購入・契約をしてしまうのです。

しかし、サブリース契約をしてしまえば、安心をお金で買っているだけで、利益を追求することとは相反します。また途中で売却をしようと考える人には、サブリースはデメリットに働きます。サブリースは主に地主向けのサービスといえますが、親が土地持ちで二代目が引き継いだあとに、「家賃減額を受けて困っている」というケースも多々あります。この場合、例えば某大手管理会社のサブリースは10年契約なので契約打ち切りをしようとすると、半年分の違約金が発生したりします。まずは契約書をよく読んで、どのような規定なのかを確認しましょう。慎重に判断すべきです。

パターン①②　大手・地場などの管理・仲介一体型

オーナーと入居者の両方から利益が取れるため、
なるべく自社で客付けを行う

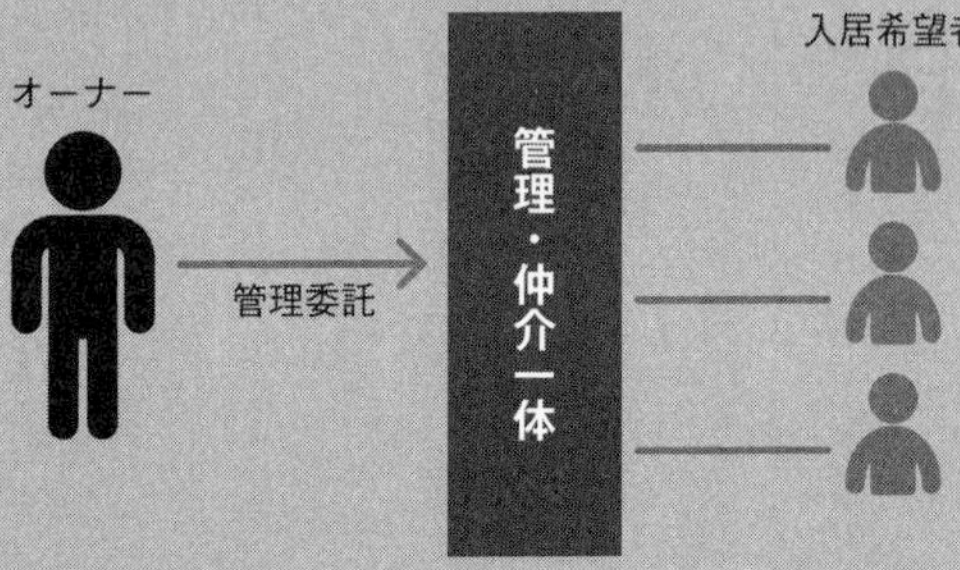

パターン④⑤　サブリース

空室の心配はないが、オーナーの手取りは少ない

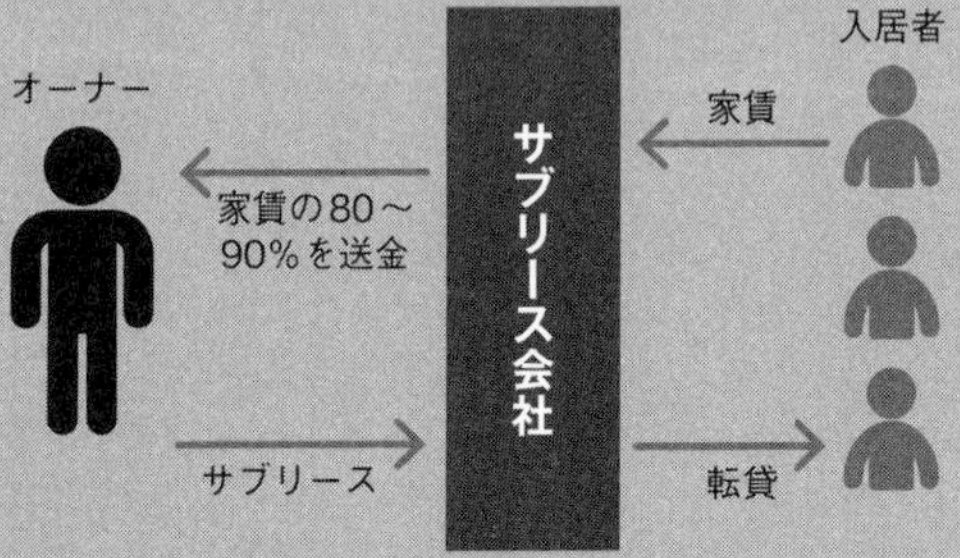

不動産業者のパターン別解説図

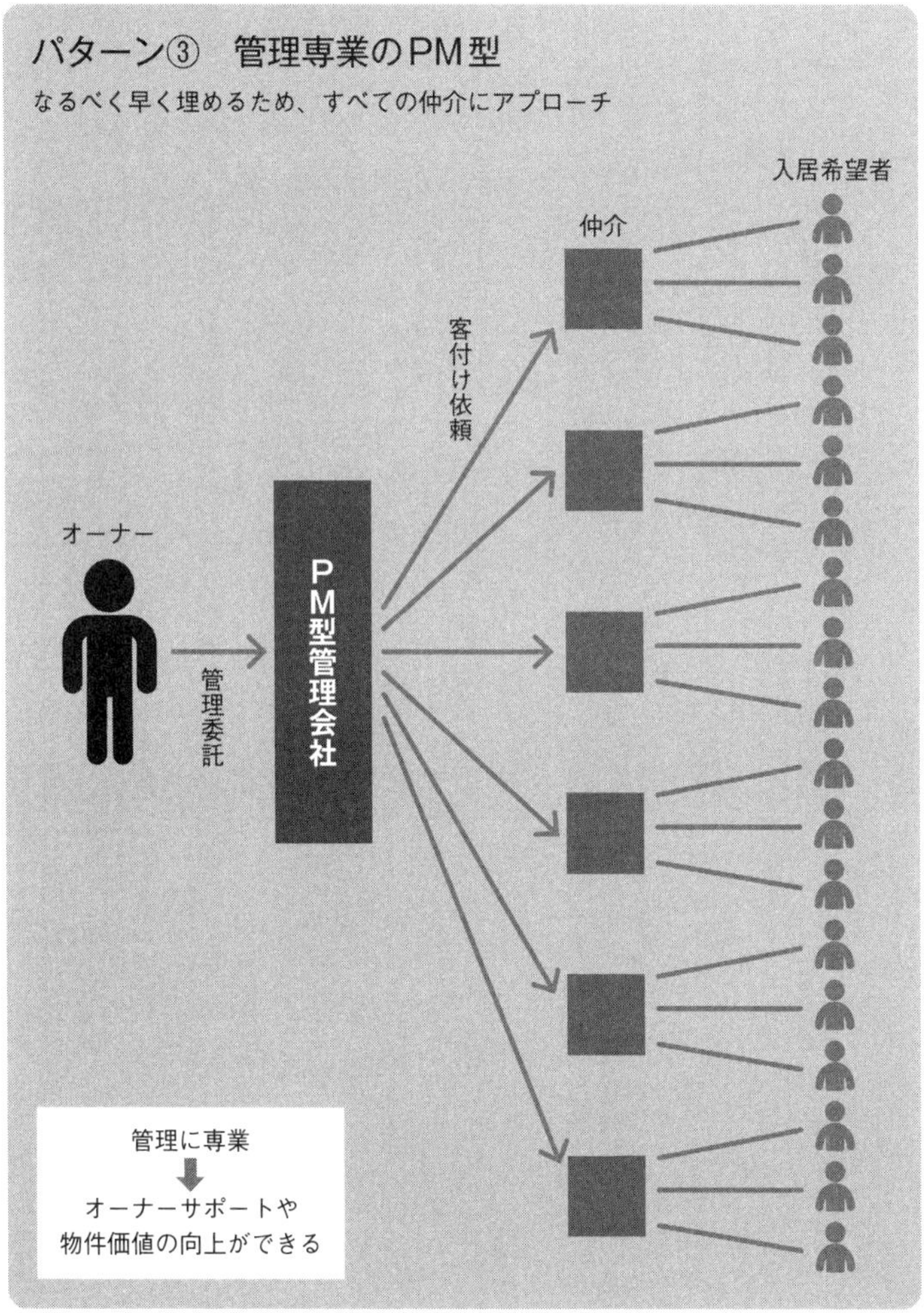

管理会社の「立ち位置」を確認

さまざまなタイプの管理会社を紹介しましたが、管理会社を選ぶ際には、その管理会社がどのようなスタンスなのかを考えるようにしましょう。

物件を高稼働させること。つまり高い入居率のキープを最優先に考えている管理会社であることは重要です。ただし、この考え方を強くしすぎると、過度な入居者優先対策をしてしまうことになり、オーナーの利益を損なってしまいお金が残らない仕組みになってしまいます。

ですから、ここはバランスが大切です。オーナーが物件を長期保有したいのか、売却を前提としているかによっても変わってくる部分です。もし長期保有を目指しているオーナーであれば、多少家賃を下げても満室で稼働をさせるのがいいかもしれませんが、売却を考えているオーナーなら、家賃の値下げは利回り低下を意味しているので、売却時の価値の低下につながり不利益となる可能性があります。

また売却の際、レントロールを見たとき、入居者の間で家賃の差額が出ていることがあります。この場合、次に買う人はどこを基準に家賃を考えるかというと、直近で入居した部屋の家賃で全部の部屋の家賃を引き直す場合が多いです。

ありがちな例として、昔に入った人の家賃が高くて新しく入った人が安かった場合、そこから相場を導き出すわけです。結果利回りが低くなり買い手が付かないことも考えられますので、家賃は高いに越したことがないのです。

家賃を下げないためには、本来であれば入居者が支払うべき初期費用の一部をオーナー負担にしたり、フリーレントを付けるなどします。管理会社がそういった判断ができるなら、それはオーナー目線だといえます。

これが「家賃をとりあえず下げて、一刻も早く埋めましょう」という提案であれば、オーナーの意向を汲み取っていないので、あまり優れた管理会社とはいえないでしょう。実際のところ、提案といえば「家賃を下げましょう」「リフォームをしましょう」としか言わない管理会社も多いものです。

確かに家賃を下げたうえで部屋の仕様をグレードアップすれば入居は決まるかもしれませんが、それはあくまでも最終手段です。「家賃を下げること＝利益を減らすこと」「リフォームを行う＝設備投資による出費」ですから、結局のところオーナーの収益が減ってしまうのです。

「とにかく客付けできればいい」と考える管理会社が無理な客付けをしたことにより、問題入居者（クレーマー、家賃滞納する人など）を入れてしまったりすると、短期間で退去をしたり、場合によってはトラブルが長期化して他の入居者に影響を与えることもあります。

短期退去でありがちなのは、広告費として家賃2カ月分支払ったのに、1カ月で退去されてしまい、広告費の1カ月分が赤字になることです。つまり、「早期退去されるなら、入居されないほうがマシ」という状態です。そのため「短期違約」といって、短期退去については入居者に家賃1カ月分を支払うなどペナルティを課すこともあります。これもオーナーから言わないと契約に盛り込んでくれない管理会社もありますから、注意が必要です。

これが逆に問題入居者が長く居座ってしまった場合には、退去されるよりも被害が大きくなる可能性があります。それは前述したようにいくら問題のある入居者であっても、法で守られていてオーナーからは簡単に追い出すことができないからです。

いずれにせよ、オーナー目線で物事を考えられるかは重要な判断基準です。繰り返しになりますが、その管理会社の立ち位置がどこにあるのかはしっかりと把握しておきましょう。「オーナー側」なのか「入居者側」なのか、それとも自社の利益のみを考えているのか、それによって賃貸経営は大きく変わる可能性があるのです。

知っておきたい「広告費」の仕組み

ここまでに何度か「広告費」という記載がありました。この広告費について改めて説明しましょう。

客付けを行う賃貸仲介会社に対する報酬の支払い方は、まず「仲介手数料」があり、それとは別に入居募集のための広告宣伝費をオーナーが支払うという意味で「広告費（ADともいう）」がありますが、この広告費に関しては、管理会社が二重で取るケースも珍しくありません。

本来であれば、客付けのための実務を行ってくれた賃貸仲介会社に支払うものを、管理会社が自社の利益にしてしまっていることも多いのです。ですから、管理会社選びでは「管理会社が広告費を客付会社にきちんと支払っているかどうか」をきちんとチェックする必要があります。

とはいえ、広告費の扱いにはその地域ならではの慣習もあります。「仲介手数料はもらったうえで、広告費が2カ月だとしたら、1カ月分を自社、1カ月分を渡す」もしくは「仲介手数料は自社でもらって、広告費を渡す」など、いくつかのパターンがあります。中には「賃貸仲介会社が決めたときはその会社へ、自社で決めた場合にはフリーレントに回す」というケースもあります。

私の経営する会社もそうですが、首都圏の管理会社では、すべて客付会社に渡すケースが多いといえます。特に私の会社のような売買仲介をしている会社であれば、オーナーの支出を第一に考えます。それができるのは客付けでの利益に対して、そこまで執着する必要がないからです。

これが地方の場合、広告媒体が「レインズ」主体ではないので、別のところでお金が発生することもあるかもしれません。また地元同士のしがらみなどで管理会社が持っていく可能性もあるかもしれません。

したがって、大切なのは「何が正しいのか」ではなく「何が事実なのか」という点で

仲介手数料と広告費の流れ

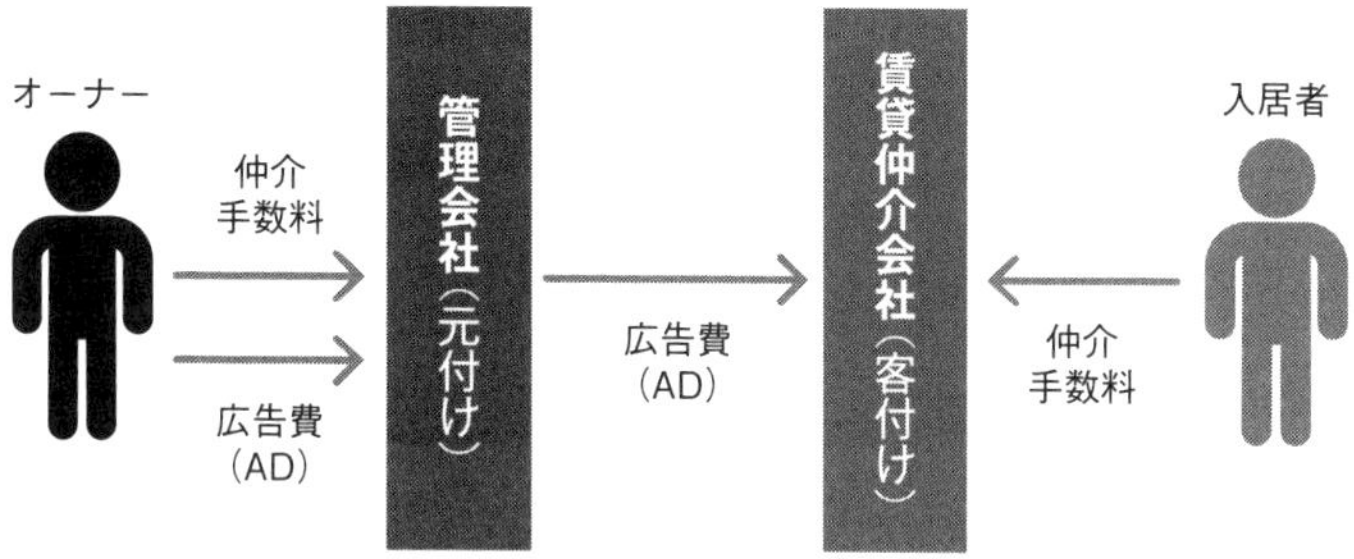

※広告費はオーナーから預かったものを、そのまま賃貸仲介会社へ渡す管理会社が望ましい

す。そこを把握したうえで、自分の認識とずれていないか確認するのがいいでしょう。

なお、広告費の記載については「マイソク」と呼ばれる物件チラシの一番下の部分にあります。このマイソクは賃貸仲介会社に送られるほか、「レインズ」にも掲載されています。前述しましたが、「レインズ」は業者間ネットワークであるため、不動産業者であれば誰でも見ることができますが、オーナーが自らチェックすることはできません。

そのため、「2カ月でお願いしたのに、レインズ上では1カ月になっている」という悪質な例も実際にあります。また地方の場合、「レインズ」での募集がないので、やり取りされるマイソクに広告費がどのように記載されているかが重要です。

もし、管理会社に不審な点があれば、客付会社にヒアリングをして確認しましょう。ただ、あまりにも疑心暗鬼になりすぎると、管理会社から「疑っているのか？」と思われてしまい、悪印象を与えかねません。このあたりのさじ加減は非常に難しいところで、慎重に対応する必要があります。

「大手の管理会社」ほど不満が募る⁉

管理会社を選ぶとき、「大手なら安心」と思っている人は多いでしょう。これはどんな商品・サービスでも言えることですが、「あの有名メーカーのものなら失敗しないだろう」と思ってしまいがちです。

しかし実際には、大手ほどオーナーが不満を抱きやすいといえます。その理由はいくつかあります。

まず、大手は部署が縦割りになっており、オーナーが部署ごとに対応しなければならないため、ストレスが溜まります。また管理戸数が多いので、自分のために割いてもらえる時間も短くなります。これが会社の規模に合わせて従業員も増えていけばいいのですが、現実には1人あたりの管理戸数が増えていき、十分な人員が補充できていない会社も珍しくありません。また社員数が多いほど、新人や知識不足のスタッフに当たる可能性も高まります。

もちろん、大手にもメリットは存在します。例えば、経営基盤が安定しているので、新しいサービスを企画する余裕があります。また事業規模が大きい分、工事をする際の取引先の選択肢が多く、客付会社からの認知度も高いです。

また、業者間だと認知度やブランドは関係ないですが、入居希望者にとっては有利に働くこともあります。

このように考えていくと、管理会社は予備校の世界と似ているといえます。マンモス予備校だと、個別指導よりもきめ細やかさはないですが、人が多いので友だちもできやすく、閉塞感がない分だけ講師とのトラブルも起きづらいといえるでしょう。一方、個別指導は何か問題があったときにすぐに対応してもらえるのがメリットです。

一般的に、従業員1人につき200~300戸を担当するのが限界といわれています。

この数字はあくまで「限界値」なので、十分なサービスを施すなら200戸以下が望ましいでしょう。ただ、これはオーナーが外から見ているだけではわからないですし、なかなか聞きづらい点でもあります。

そこで、表面的な数字だけで判断するのではなく、実際にどのような体制で管理を行っているのかヒアリングをして判断しましょう。

「格安管理会社」にありがちな問題

初心者オーナーの場合、「1円でも安く」という思考になりがちですが、管理会社の質が悪いと、結局余計なコストがかかりますし、手間やストレスがかかることになります。管理業務は人手をかけなければならなかったり、丁寧に対応しなければならなかったりするなど〝目に見えない部分〟が多くありますので、見た目の金額に振り回されてはいけません。何より安くし過ぎると、経営上は1人当たりの戸数を多くしないと成り立たなくなります。そのため、とにかく管理戸数を増やしたいという会社が多くなり、サービスや管理に対するクオリティが下がりがちです。

不動産経営を任される管理会社の立場として、「安いから適当にやる」というのは本望ではありません。「一般的な価格で、どこまでサービスを拡充できるか」ということを企業努力で実現するのが本来あるべき姿勢だと考えています。

管理業務では「削っていいこと」と「削ってはいけないこと」があります。詳しくは第4章で解説しますが、ベースとなる部分はある程度のお金を出して質の高いところを選んだほうがよく、選択できる部分の中でコストを抑えるのが正しい方法です。

いずれにせよ、表面的な価格に振り回されてはいけません。もちろん安いに越したことはないですが、質を伴っていることが大前提です。

それでも「徹底的に値段にこだわるから1円でも安く！」という方がいらっしゃると思います。それはそれでいいでしょう。ただ、これはどんな商売でもそうですが、「安く、とにかく安く、1円でも安くしたい！」という人は業者からも敬遠される可能性が高いです。

例えば、1杯500円のラーメンに対して「100円値下げしてほしい」と店主に言ったら、「いったい何の根拠があってそんなことを言うのか?」と思われるでしょう。

このとき、「チャーシュー抜きで400円」というメニューがあり、それを理解して頼むのならいいでしょう。

しかし、安さの理由を把握しないまま、「とにかく安ければいい」と考えて頼むのは非常にリスクが高いです。管理委託手数料が安い代わりに、クレーム対応をしない、修繕費が上乗せされているといった可能性もあります。これは「高利回り物件」を検討するときも同じですが、良い数字というのは何か裏があると考えるべきです。

管理会社を「変更」したくなったら

ここまで読んで「今の管理会社を変更したい」と思ったら、どのような行動に出ればいいのでしょうか。段階ごとに解説していきます。

まず前提として、管理会社に不信感を抱くタイミングは、いろいろあるはずです。例えば、第1章ですでに述べたような「不明な見積もりが上がってきた」「レスポンスが遅い」などです。

もし空室が埋まらなかったら収支に大きなダメージを与えます。例えば、家賃5万円の部屋を3カ月空室にしていたら、それだけで15万円の損失です。ですから、そこは経営者として冷静に判断をしなければなりません。

そもそもオーナーに対してレスポンスが遅い場合、入居者に対しても連絡が遅かったり提案が不十分だったりする可能性が高いといえます。負のスパイラルに巻き込まれないためにも、決断は迅速に行ったほうが良い結果が出るはずです。

このように担当者に不満がある場合、まず大手であれば担当者の変更を検討してもらうのがいいでしょう。特に大手であれば代わりの人材はいるはずなので、キャリアのある人に変えてもらうのが得策です。

もし担当者の変更を受け入れられなかったら、その管理会社の変更を考えましょう。また担当者が変わっても、根本的に会社の方針が問題で改善がされない場合、管理会社を変更する方向に動くべきです。

特に客付け系の管理会社であれば、店長のカラーが如実に現れるので、担当をいくら変えても本質的な問題が改善されないことも多々あります。とはいえ、まずは担当者変更を打診して、様子を見るのがいいでしょう。

いよいよ管理会社を変更する場合です。

まず契約書を見返して、何カ月前に伝えるべきなのかを確認します。一般的には3カ月ですが、オーナーが不利益になる条件が書かれているかもしれませんので、しっかり見てください。また管理会社によっては、契約書に書かれていなくても「売却などの特別な事情の場合、1カ月前でも解約可能」と融通を利かせてくれるケースもあります。

次に、新しい管理会社を事前にある程度決めたうえで、変更の旨を伝えたほうがいいでしょう。これは転職活動のとき、先に決めておいたほうがいいのと同じ原理です。相手との関係が気まずくなったとき、次の候補があったほうが精神的にもラクになります。

ただ、たとえ雰囲気が悪くなったとしても、喧嘩別れは避けたほうがいいでしょう。円満な別れ方のほうが新しい管理会社との引き継ぎもうまくいきますし、あとから聞きたいことが発生したときも気軽に質問ができます。

では、管理会社に変更を伝えるとき、どのような点に注意すればいいのでしょうか。自分では交渉しづらい……という人もいるかもしれません。この場合、オーナー自身で交渉しなくても、新しい管理会社が見つかっていれば、その会社に代理で交渉してもらうことが可能です。

また、自身で話をするのであれば、「だったらしょうがないな」と思わせることが大切です。全国に物件を所有している人が、現状はエリアごとに管理会社に依頼していたところを「全国の物件を扱う東京の会社に一本化したい」と言えば、各地の管理会社も「だったらしょうがないな」と思うでしょう。

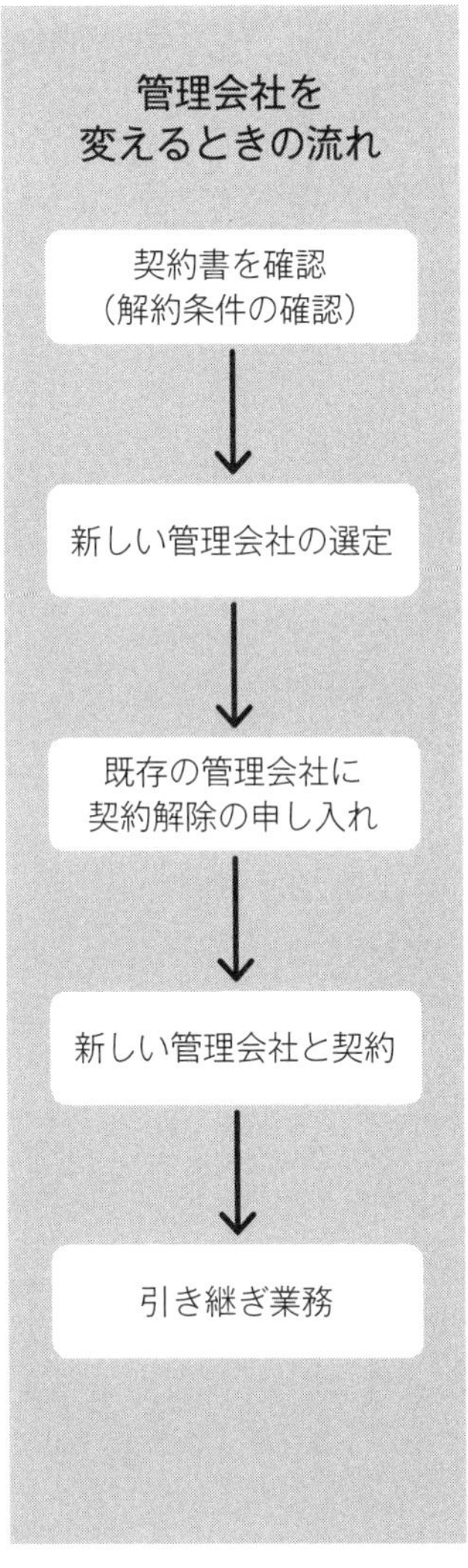

また、東京の管理会社に依頼している人が、同じく東京の会社に変更しようとする場合、「御社（あなた）がダメだから」ではなく「別の会社はこういうメリットがあるから」と正直に話したほうがうまくいく可能性が高いです。

最後に管理会社を変えるタイミングですが、参考になる話があります。

あるオーナーさんは新築アパートを12月に竣工。しかし1、2月の段階でまったく埋まらず、管理会社を変えて3月に満室にしました。

この場合、数カ月の期間に最初の管理会社が成果を出せなかったこと。管理会社の担当と会話をしていて、納得のいかない部分がいろいろあったことが理由だそうです。

このケースはあくまで一例ですが、タイミングとしては次のようなケースがあります。

・空室がなかなか埋まらないとき
・管理会社に不信感を抱いたとき
・必ず導入したいサービスを展開する管理会社が現れたとき

特に繁忙期が近いときは、繁忙期前に変えるほうがよいかもしれません。繁忙期後に管理会社を変えたのでは、タイミングを逃してしまう結果になりかねません。日本人はつい、周りの空気を読みがちです。「気まずいから変更できない」というのは避けたいところです。

ただし繰り返しになりますが、くれぐれも喧嘩別れをしないよう注意が必要です。話を通して、引き継ぎもしっかりしてもらえる関係性を維持しましょう。

第4章

空室対策、物件力アップ、コスト削減……「有能な管理会社」を見抜くポイント

有能な管理会社の「条件」とは？

本章は「有能な管理会社」を選ぶうえでのポイントを解説しますが、まず「有能な管理会社」の定義を確認しましょう。

私が考える有能な管理会社とは、一言でいえば「オーナーに利益をもたらす管理会社」です。具体的にいうと、管理の事務的な業務だけでなく、売買を見据えた提案や、よりキャッシュフローを出すための施策（収入引き上げ、コストダウン、稼働率アップのリノベーション）の提案をしてくれるかということです。

多くの管理会社は、そもそも「投資家目線」が抜け落ちており、投資を自分事として考える習慣がありません。そのため前に述べたような「家賃を下げてでも空室が埋まればいい」といった、オーナーの思いを無視した提案をしてしまいがちです。

そもそも管理会社はオーナーをお金持ちだと認識している場合が多いと思います。地主であるのか投資家であるのかも把握していないケースが多いのです。

その結果、自分たちが儲けることを優先してしまい、オーナーのコスト削減は二の次になってしまいます。また、不動産投資に対しての知識が不足しているため、ランニングコストやローンの返済があるということを理解している管理会社はごく少数です。

そういう意味で、有能な管理会社かどうかを見極めるチェックポイントとして、まずは投資家（オーナー）の気持ちを理解してくれているか、加えてキャッシュフローを増やすことができるか否かがあります。

キャッシュフローとは、「収入」から「支出」を引いた「利益」を指します。

ちなみに、支出の面で管理会社が把握していない名目は、共用部の電気代、水道代、火災保険、固定資産税、ローンの返済額などです。収支報告書に入っていないことは、基本的に管理会社は知りません。毎月管理会社から送られる収支報告書だけでなく他にも支出があることを理解していないと、オーナーの立場には立てません。

したがって知識がある担当者であれば、できる限りの情報を伝えたうえで、物件の価値の最大化を一緒になって考えてくれます。そんな管理会社こそ理想的といえるでしょう。

自身で不動産投資を行っている、もしくは売買仲介を行っている管理会社であれば、オーナーから情報開示することで、火災保険やローン借り換えについてもアドバイスをしてくれることがあります。

そこまでいかなくとも、例えば定期清掃や受水槽の点検などでコスト削減ができるかを考えてくれたり、スペースが空いていれば「バイク置場として月額1000円で募集してみましょう」と提案してくれたりするものです。


話をまとめると、まずは「キャッシュフローや利回りなどの知識とその上げ方を知っているか」ということを確認し、そのうえで物件価値を上昇させる方法を提案してくれるかを見極めるということになります。

利回りやキャッシュフローは購入前までの段階では誰もが気にするものですが、購入後はこだわりが薄れてしまう人が圧倒的多数です。

このとき管理会社も意識が低ければ、家賃を安易に下げたり、修繕コストの値下げも検討しなくなったりしてしまいます。

いくら購入時に頑張って価格交渉しても、管理運営の段階で疎かにしてしまったら元も子もありません。

「キャッシュフローを増やす管理運営」

3つのポイント

さて、ここからは具体的にキャッシュフローを上げるための方法を紹介します。内訳を先に説明しておくと、以下のようになります。

ポイント❶ 支出を下げる

ポイント❷ 収入を上げる

ポイント❸ 空室対策（満室を維持する）

ポイント❶支出を下げる

まず、オーナーの所有物件と、その物件に関わる収支すべてを把握します。現状把握――いわゆる「洗い出しの作業」を行い、そこから「収入・支出診断」をします。いわば健康診断のようなものです。そこからどういったコスト削減ができるかを考えて実際の管理業務に移ります。こうすることで、実際に運用してからのイメージを抱けるようになるのです。

●ランニングコストの見直し

では、ここからは具体的にどの部分でコスト削減ができるか見ていきましょう。

コスト削減できる代表的な項目といえば、光熱費が挙げられます。共用部の電気を古くなったタイミングでLEDに変えるだけでも、電気代は大きく節約できます。タイマーや電力自由化をうまく取り込むことでも、コスト削減効果が得られます。

また、都市ガスからプロパンガスへの切り替えで給湯器、エアコンを無償で貸与してもらえたり、修理してくれたりするサービスがあります。サービスの内容によっては入居者のガス料金の負担が増えるケースがあるため、そこはよく確認します。清掃費も節約ポイントですが、規模・エリアによって考え方が大きく異なります。例えば、かなり荒れている物件で日常的にゴミが散乱しているなら、毎週清掃業者を使う必要があります。

私が経営する会社の場合、管理物件は月1回の定期巡回に加えて、月1～2回の清掃を行っています。その物件の状況を踏まえて、もし現在の掃除では足りないようなら回数や頻度を確認します。このように、「定期清掃」と「単発清掃」をどう使い分けるかは、それぞれの物件ごとに検討しなければいけないでしょう。

浄化槽の物件の場合、エリアによって業者の数に差があり、価格競争が起きている地域もあります。その場合は何社か見積りを取ってみましょう。

その他、物件の維持にかかる費用項目を一覧にしましたので、次ページをご確認ください。

保有にかかる代表的なランニングコスト

ランニングコスト	削減の有無	備考
管理手数料	△	管理会社により異なる
仲介手数料	△	管理会社により異なる
広告費（AD）	△	地域・募集時期による
リフォーム リノベーション	◎	管理会社により大きく異なる
共用電気	△	・アンペアダウンやLED化の検討 ・電力自由化による電力会社の変更
共用水道	△	全く使わない場合は使用中止手続きをするなどで削減可能
日常清掃・定期清掃	○	管理会社によって多少削減可能
消防設備点検	○	管理会社によって多少削減可能
貯水槽清掃・点検	○	管理会社によって多少削減可能
給排水設備点検	○	管理会社によって多少削減可能
エレベーター点検	○	管理会社によって多少削減可能
固都税	×	固定
火災保険	△	保険金額や補償内容等を見直すことで削減可能な場合も
ローン返済	△	金利交渉や借り換えしない限り厳しい
税理士顧問料	△	税理士によって費用は異なるがサービス内容も比較に

●緊急時にかかる費用の考え方

これら個別のコスト削減の項目を、すべてオーナーが理解するのは困難です。物件のエリアや規模によっても違うので、やはり選択肢を見つけ出し、比較して提案してくれる管理会社を選ぶことが最も重要なポイントといえます。

管理会社によっては下請け業者に見積りを取らずに自社での基準で価格を決めてしまうところもあります。つまり、コスト削減の努力をせず、自分たちのルールで価格設定をしているということです。しかしオーナーはその金額を言われても、適正価格なのか判断できないので了承するしかありません。

また、緊急の対応で金額が上乗せになるケースもあります。

例えば、夏場にクーラーが壊れたら、一刻も早く修理もしくは交換をしなければならないでしょう。それが原因で退去されてしまったら、そのほうがコスト負担は大きくなるからです。そうしたことも踏まえて提案してくれることが必要です。

大家が入居者に対して負う義務はかなり厳格で、エアコンが使えなかった、水道が出なかったという場合は、責任を追求される恐れがあります。そうした部分こそ事前・事後ともにフォローアップできる管理会社の存在が不可欠です。

最近では、24時間対応のコールセンターも普及して、入居者に対するサービスは充実しています。もちろん、突発的な設備の故障への対応、深夜や休日の出張費は別途費用がかかるケースもあります。

とはいえ、オーナーは衣食住の「住」を提供するわけですので、不十分な環境を提供することは避けなければなりません。不可抗力の部分ももちろんあると思いますが、それでも最善を尽くすのがオーナーとしての責任だと思います。

さまざまな入居者の満足度を高め、安心して住んでもらうためには、管理会社と協力体制を築かなければなりません。初めからイレギュラーな出費を想定し、予算を見込んでおく。そして、何かあったときには管理会社に裁量権を委ねたほうが圧倒的に早く進む。そうしたオーナーと入居者の双方の都合を考慮してくれる管理会社が理想的だといえるでしょう。

●家財・火災保険の活用

賃貸経営に必要な保険には、オーナーが加入する火災保険・地震保険、入居者が加入する火災保険・家財保険があります。

火災保険というと火事のための保険というイメージが強いですが、実際には風災などの災害にも特約などで対応しています。近頃は台風の被害も大きいですし、ゲリラ豪雨や竜巻の被害もあります。保険を使ってしっかりと備えたいところです。

オーナーが物件取得時に保険を選ぶとき、インターネットで探す、もしくは銀行の紹介で代理店を決めることが多いものです。これが管理会社が保険を扱っているとワンストップで進むので、オーナーの手間が激減します。

また、入居者の加入する保険こそ、管理会社を代理店として加入するケースが多いでしょう。状況によってはこの保険を活用できる方法もあります。

例えば、2階で水漏れが発生し、1階の入居者の家財が水浸しになったとします。水浸しになった部屋にはオーナーの火災保険も使えますが、入居者の家財保険を使っても直すことができます。

また、水漏れの原因が経年劣化（時間の経過で古くなって故障したケース）だと火災保険は使えませんが、突発的に故障したケースでは保険対象になる場合もあります。この辺は、管理会社に保険の知識がなければ対応できません。

●金利交渉・借り換えの効果

コスト削減の効果でいえば、金利交渉や借り換えも選択肢として挙げられるでしょう。ただ、これらを行ううえでは、クリアしておくべき条件がいくつかあります。まず、実績がきちんとあることです。１期（１年）以上は賃貸経営を続けて確定申告を行っていることが最低条件になります。「購入後すぐに金利交渉・借り換えはできない」と覚えておきましょう。

私が借り換え・金利交渉で優先しているのは、やはりキャッシュフローです。

例えば、現在５０００万円を融資期間20年、金利２％で借りていたとして、これが借り換えで融資期間15年、金利１・５％になったとしましょう。

A　借入金額５０００万円　融資期間20年、金利２％　月々25万２９４１円
B　借入金額５０００万円　融資期間15年、金利１・５％　月々31万３７１円

両者は月々５万７４３０円の差となります。総支払額ではBのほうが約４８４万円得だと判断します。ただし、目先のキャッシュフローで考えるなら月々の支払いが少ないAのほうが多いので、ここは投資家によって判断が異なる部分です。

つまり、「キャッシュフローは少ないが早く完済できること」を選ぶのか、「キャッシュフローは出るが返済期間が長いこと」を選ぶのかということです。

投資初期のオーナーであれば、キャッシュが潤沢にはないので後者を選ぶ傾向が強いでしょう。しかし、資金が潤沢か複数棟所有してキャッシュフローが安定的になっている人は、繰り上げる意味でも後者を選ぶことが多いといえるでしょう。このように投資家のステージによって、判断は異なるということです。

●借り換え・金利交渉の手順とコツ

現在は市況が良くないこともあって、借り換えを交渉するときも共同担保を差し出さなければならないなど条件が厳しい傾向にあります。そのため、市況やタイミングを見極めたうえで交渉するのがいいと思います。

また、金融機関との信頼関係を維持するためにも、いきなり借り換えをするのではなく、まずは金利交渉で検討してもらうべきでしょう。とはいえ金利交渉するときに競合がいないと銀行も本気になってくれないので、先に借り換えができる銀行を見つけてきたうえで、それを説得材料にして今の金融機関と交渉するのがいいでしょう。

しかもその交渉も管理会社を変えたタイミングであれば、「管理会社から金利を下げたほうがいいとアドバイスされた」と説明しやすくなります。自分から金利を下げたいと言ったらイメージが悪くなるかもしれませんが、他者から提案されたということなら言われたほうも納得しやすいですし、オーナーに対してネガティブなイメージも持ちにくくなります。

なお、借り換えとなると保険料・手数料・登記費用など、さまざまなコストがかかります。費用も含めて検討しましょう。コストをかけずに済むよう、金利交渉で済むならそれがベストです。また解約手数料も確認しましょう。

ポイント❷収入を上げる

物件力アップとは、端的にいえば「収益を増やすための取り組み」を指します。前項までは「コスト削減」というテーマでお伝えしてきましたが、この作業はとことんまで無駄を削って収益を残すというやり方でした。ここからは「どのようにして物件の価値を最大化するか」、つまり、どうしたらより収益を増やせるかを解説していきましょう。

●リノベーションによる家賃アップ

まずはリフォームとリノベーションの違いから解説いたします。リフォームとは、「原状回復」と同義と考えてください。一方のリノベーションとは、「間取りを変更したり、デザインをおしゃれにしたりするなど物件の価値を高めること」です。リフォームは「マイナスからゼロへ」、リノベーションは「マイナス（あるいはゼロ）からプラスへ」と考えると分かりやすいでしょう。ですからリノベーションをして家賃を上げる（下げない）ことで、利回りアップにつながります。

ここでまず知っておいてほしいのは「マイホームと投資用物件では、リノベーションにおいてお金のかけ方が異なる」ということです。マイホームなら自分の好みに合わせてデザインや素材を選んだり、こだわりの設備にお金をかけたりするかもしれません。

しかし、投資用物件の場合はあくまで「費用対効果」を重視します。例えば、見た目的にあなたが納得しなくても、入居者が付くようなデザインであれば、それはリノベーションとして正しい選択になるわけです。投資したお金に対してどれだけ効率的に回収できるかを、優先して考えるべきということです。

なお、ワンルームは広さ的に間取り変更が難しいので、費用対効果を優先して考えましょう。例えば、家賃3万円の物件にリノベーションで100万円かけても意味がないわけです。したがって、投下資金に対してきちんと利回りで回収できるかを考える必要があります。

基本的な考え方として、リノベーションは利回りを上げるために行うものです。「上昇したあとの家賃×12カ月÷リフォーム費」を計算し、購入時の利回りよりも高くなるかどうかを見極めます。

なお、２ＤＫ・家賃７、８万円という物件なら、ワンルームと同じ対策でいいかと思います。これがＤＩＮＫＳ、あるいは女性ターゲットになると、キッチン交換が必要になる可能性があります。

●リノベーションの仕様事例

では、費用対効果の高いリノベーションとは具体的にどんな仕様なのか、具体例を紹介しましょう。

居室

床材

床材には大きく分けて３種類あります。

①フローリング

木質系の材料を使用したもので床材の中では一番メジャーです。

フローリングには、感触や天然木目の独特な風合いを持つ【無垢フローリング】と、薄い板を何枚にも重ねた【複合フローリング】があります。

賃貸物件では、無垢よりもコストが低く、変形・伸縮が少ない複合フローリングが主流です。

②フロアタイル

別名デザインタイルとも呼ばれる【フロアタイル】は、塩化ビニール素材ながらリアルな木目調などデザイン性の高い床材の一種で、耐久性にも優れており、部分的な補修も可能という特徴を持った床材です。また色や素材の豊富さに加え、施工がしやすい柔らかい材質なので、最近ではオフィス、店舗、住宅など幅広く使用されています。

③クッションフロア

塩化ビニール系シート状の床材です。つなぎ目が出にくく水分を通さないため、水まわりの床に多く使われます。また、【クッションフロア】という素材は3種の床材の中では一番価格が安く済むものの、耐久性に欠けるうえ、表面に光沢があるため安っぽく見えてしまいます。また部分的な交換が難しいという難点もあります。

価格帯の順番でいえば、フローリング、フロアタイル、クッションフロアの順で安くなっていきます。

フローリングはただ材料の単価が高いだけではなく、大工工事が必要なため内装職人や多能工職人とは別に発注しなくてはならないので、さらに費用がかかります。

クッションフロアは一番安価ですがあとがつきやすく、部分的な張り替えが難しいため、トイレなど部分的に使用するのがいいでしょう。

デザインやコストパフォーマンスの良さも含め、居室部分のリノベーションはフロアタイルがおすすめです。

アクセントクロス

退去時の原状回復工事でも、ただ白い壁紙に張り替えるだけではなく、アクセントクロスというデザイン性の高いクロスを壁の一面だけに取り入れることで、客付けに効果が出ます。

一般的な白いクロスを量産クロスといいますが、デザイン性の高いアクセントクロスの壁紙は１０００番台クロスといって、量産品と比べて多少価格は高くなります（１平方メートル当たり３００～５００円程度アップ）。その代わり、写真映えのする部屋づくりが行えます。ワンルームを１面やってもプラス約１万円。もちろんデザインが奇抜すぎると逆効果になることもありますが、費用対効果は高いといえます。

今はショッピングでも旅行でも、インターネットで比較するのが当たり前になっています。それは賃貸不動産でも同様なので、ビジュアル的にインパクトのあるもの、おしゃれなものでなければ、他の物件に埋もれて見過ごされてしまいます。

特に競合が多いエリアのワンルームなら「目立つこと」も重要なポイントの１つです。そう考えたとき、一番費用対効果が高いのがアクセントクロスなのです。

飾り棚・収納

インテリアとしての飾り棚で部屋の印象を良くします。狭い部屋や収納が少ない部屋のスペースの有効活用にもなります。

室内物干し

室内物干しはワンルームには意外と付いていないことが多いです。東京だと日当たりの悪い物件が多いので、室内に物干しがあったほうが便利です。エアコン付近に設置するのが一般的です。

代替案として浴室乾燥機を付けるという選択肢もありますが、ワンルームでは新しい設備を投入したところで、家賃はそこま

で上がりません。費用対効果が悪いため、室内干しができるレールフックを壁にかけます。バルコニーがある場合でもあったほうがよいでしょう。

長押《なげし》ラック

収納のない部屋におすすめなのが、長押ラックです。服やバックを壁面に飾りながら収納できます。インテリアとしても◎。

照明

居室には一般的な丸型シーリングライトだけでなく、ダクトレールにスポットライト、ダウンライトなど間接照明を取り入れることによって、オシャレな雰囲気を演出

できます。

キッチン

キッチン

キッチンは、ブロックキッチンよりもシステムキッチンのほうが圧倒的に好まれます。ただシステムキッチンは高額なので、家賃を上げられるかがポイントになります。上げられないのであれば、ブロックキッチンのままでいいかと思います。

キッチンで重要なのは、清潔な状態をできるだけ見せることです。古い物件だと、例えばスイッチプレートだけ変えて悪目立ちしてしまうというケースがよくあります。リフォーム会社に一任していると、中途半端な仕上がりになる恐れがあるので注意しましょう。

またオーナーがいいと思っていても、入居者がそこまで重視していない部分かもしれませんので、慎重に判断する必要があります。

扉シート

既存のミニキッチンやブロックキッチンの扉面に貼ることでデザインを一新できます。交換するよりはるかに安く上がるので、まだ使えるキッチンはなるべく使うことをおすすめします。ただ、あまりにも古くて汚い場合は交換しましょう。

キッチンに関しては、基本的に「使えるものは使う」という考え方です。既存のものを使用して扉のシート貼りをすることで、見た目を一新します。ただ、キッチン内にあるミニ冷蔵庫は、床下部分がカビや湿気によって腐っていることがあるので、場合によって交換が必要です。

キッチンビフォー

キッチンアフター

シングルレバー水栓・水栓ハンドル

古い水栓を機能的なシングルレバー水栓に交換します。古い物件でよく見かける湯と水が別のハンドルのツーバルブは、リノベーションと同時にシングルレバータイプへ交換することをおすすめします。見た目も機能的にも良いからです。

コンロ

ガスとＩＨタイプがあります。古い場合は当然新しいものに交換します。ガスかＩＨどちらがいいかは、おのおのメリット・デメリットがあるため非常に悩むところですが、エリアやファミリーか単身かによっても変わるので、その都度リサーチして決めます。

収納・棚

見た目もオシャレな収納や棚を設置します。

浴室

一面シート

ユニットバスでは壁の一面をシート貼りすることで高級感が出ます。

大型ミラー

シート貼りした面に大型ミラーを横貼りすることで、ホテルライクなバスルームになります。バス・トイレ一体型のユニットバスにおすすめです。

メタル調シャワーヘッド・ホース

シャワーヘッドが古くなっていた場合、メタル調のものに取り換えます。

❶支出を下げる
❷収入を上げる
❸空室対策

サーモ水栓・水栓ハンドル交換

水栓がダブル水栓であればシングル水栓へ。メタル調のサーモ水栓が便利です。

床シート

ユニットバスの床が古くなっていたら床面にシートを貼ります。

トイレ

温水洗浄便座

電源が確保できるようであれば、温水洗浄便座を設置します。

ペーパーホルダー・タオル掛け・収納

ペーパーホルダー・タオル掛け・収納などは、リーズナブルな価格でもイメージアップできるアイテムです。

床CF・壁一面アクセントクロス

トイレが独立しているケースでは、床にCF（クッションフロア）、壁一面にアクセントクロスを使うことでオシャレな空間を演出できます。

玄関

土間フロアタイル

玄関土間には、専用のフロアタイルを使います。

姿見

玄関まわりに鏡があると、便利で女性にも好まれます。数千円で設置できます。

フック・かさかけ

フックやかさかけなど、ちょっとした収納が居住性をアップさせます。

収納または稼動棚

リノベーションのタイミングで新しいものに交換したり、元々ない場合は稼動棚を設置したりすることで、収納力とデザイン性が高まります。

玄関ビフォー

玄関アフター

共用部

ポスト

古びたポストを新しくするだけで、エントランス部分のイメージアップとなります。

宅配ＢＯＸ

人気設備である宅配ボックスは、単身、ファミリー共に人気があります。

内装ビフォー

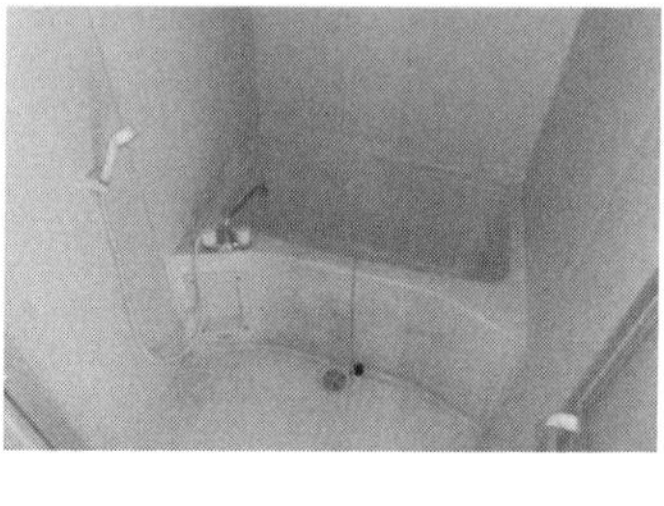

「有能な管理会社」を見抜くポイント

❶ 支出を下げる

❷ 収入を上げる

❸ 空室対策

内装アフター

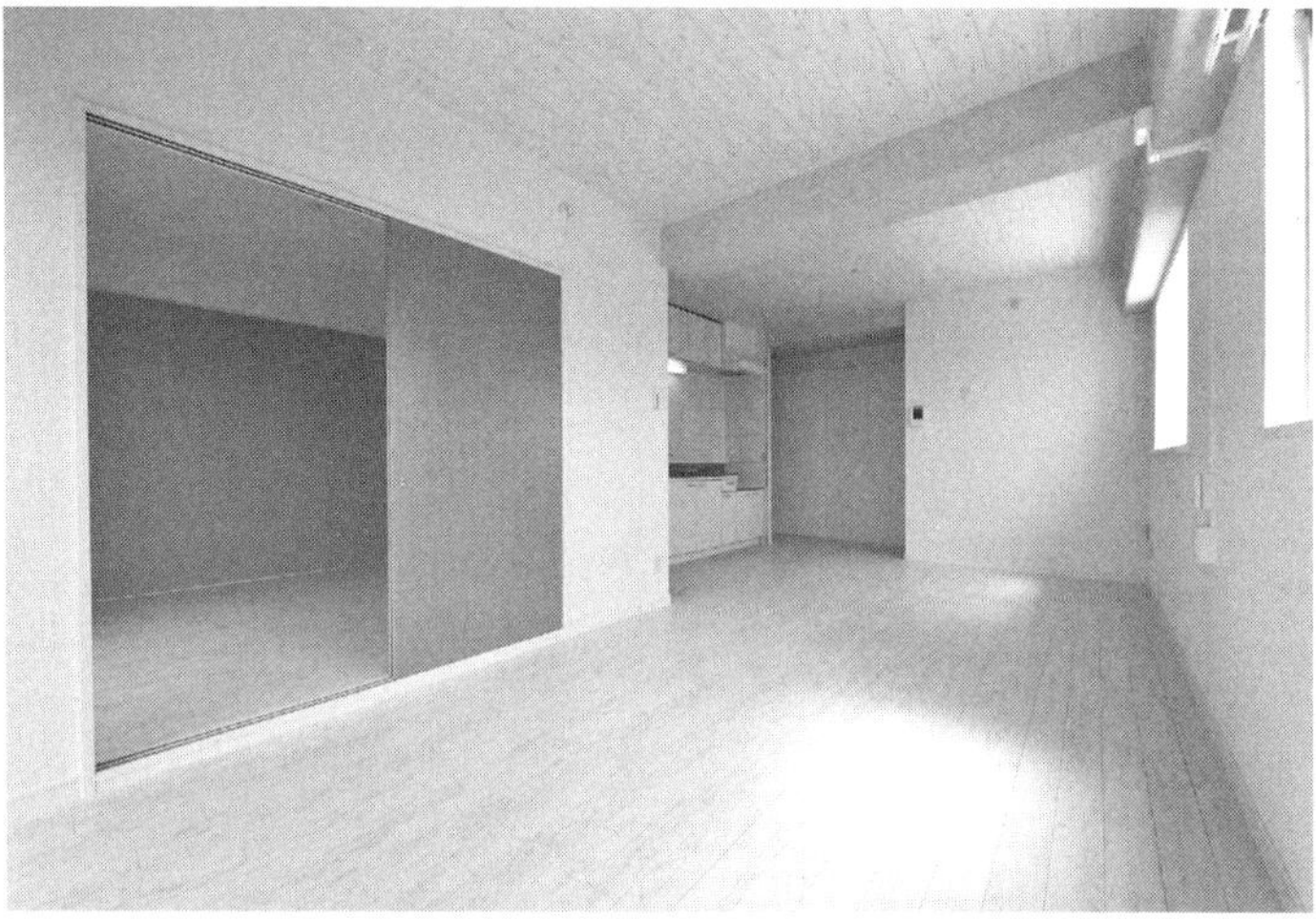

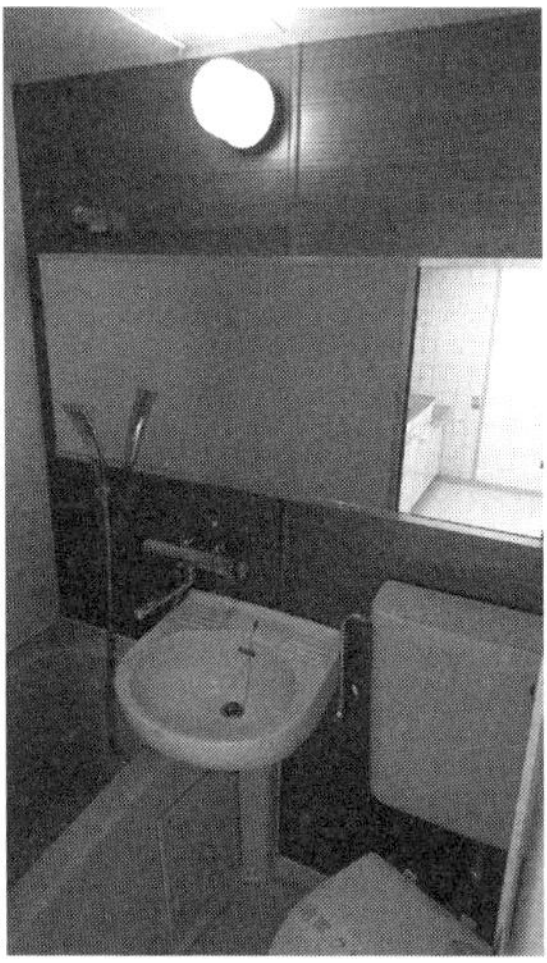

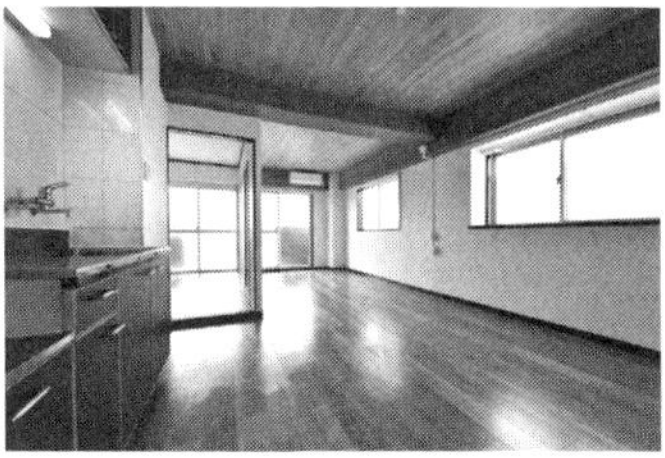

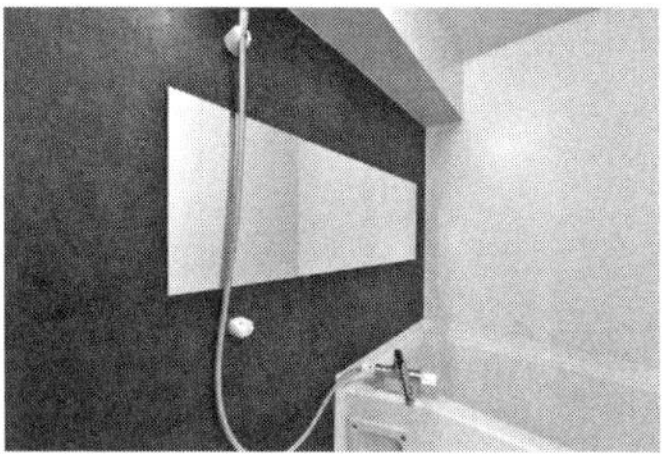

●間取り変更時のポイント

その他のリノベーションのポイントとして、「間取りの変更」が挙げられます。これにより家賃が上がったり、長期入居が見込めたりするなど、端的にいえば「選ばれる物件」になります。

今のトレンドは「部屋数」よりも「リビングの広さ」なので、例えば3DKの物件なら、2LDKに変更したほうがファミリー層を狙うのに適しているでしょう。

ただ、エリアによっては新築物件が多く建ち、リビングの広い物件の供給が多いということもあります。エリアによっては間取りのニーズが異なるため、リノベーションを行う前に必ず管理会社に周辺の競合物件を調査してもらい、アドバイスを受けましょう。オーナーからの指示のまま動く管理会社は避けるべきです。

私の会社ではイメージしやすいように、パースを入れた提案書を作成しています。

ファミリー向け提案書

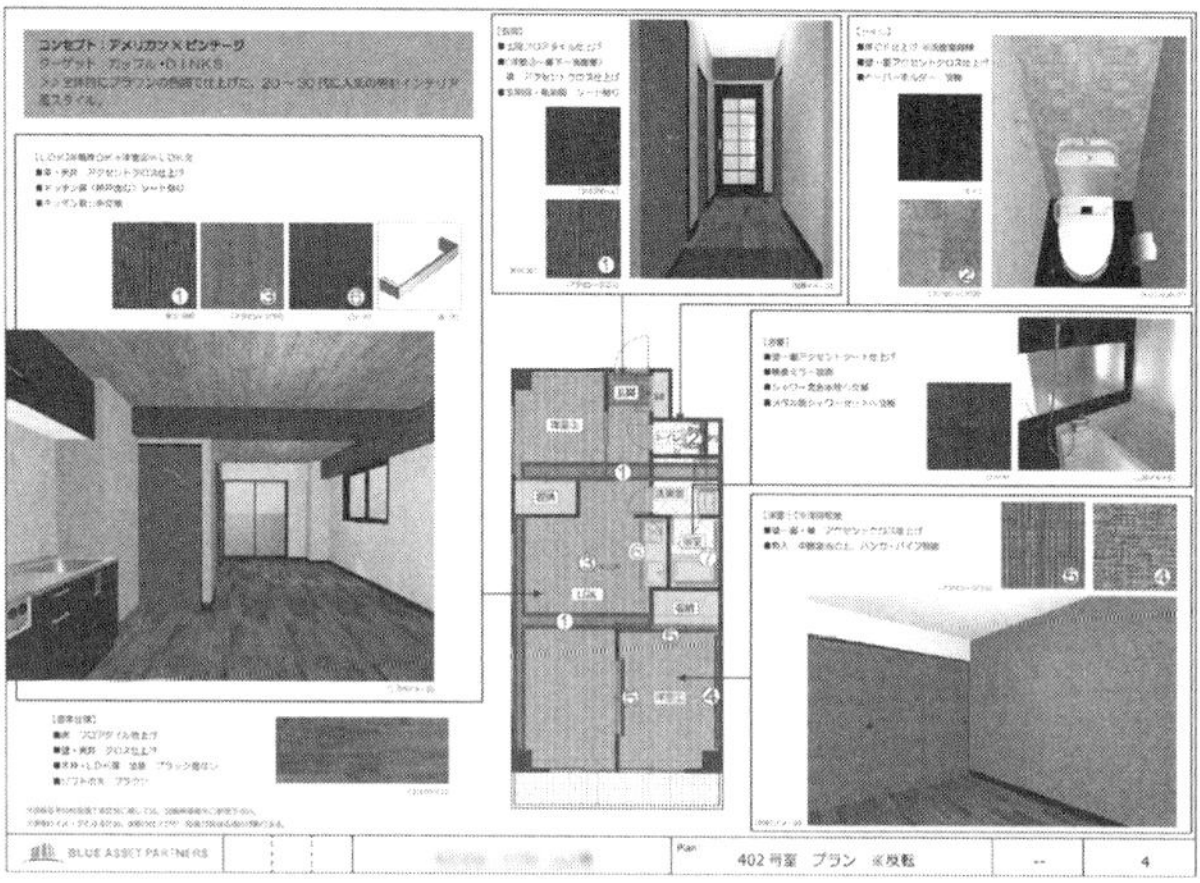

シングル向け提案書

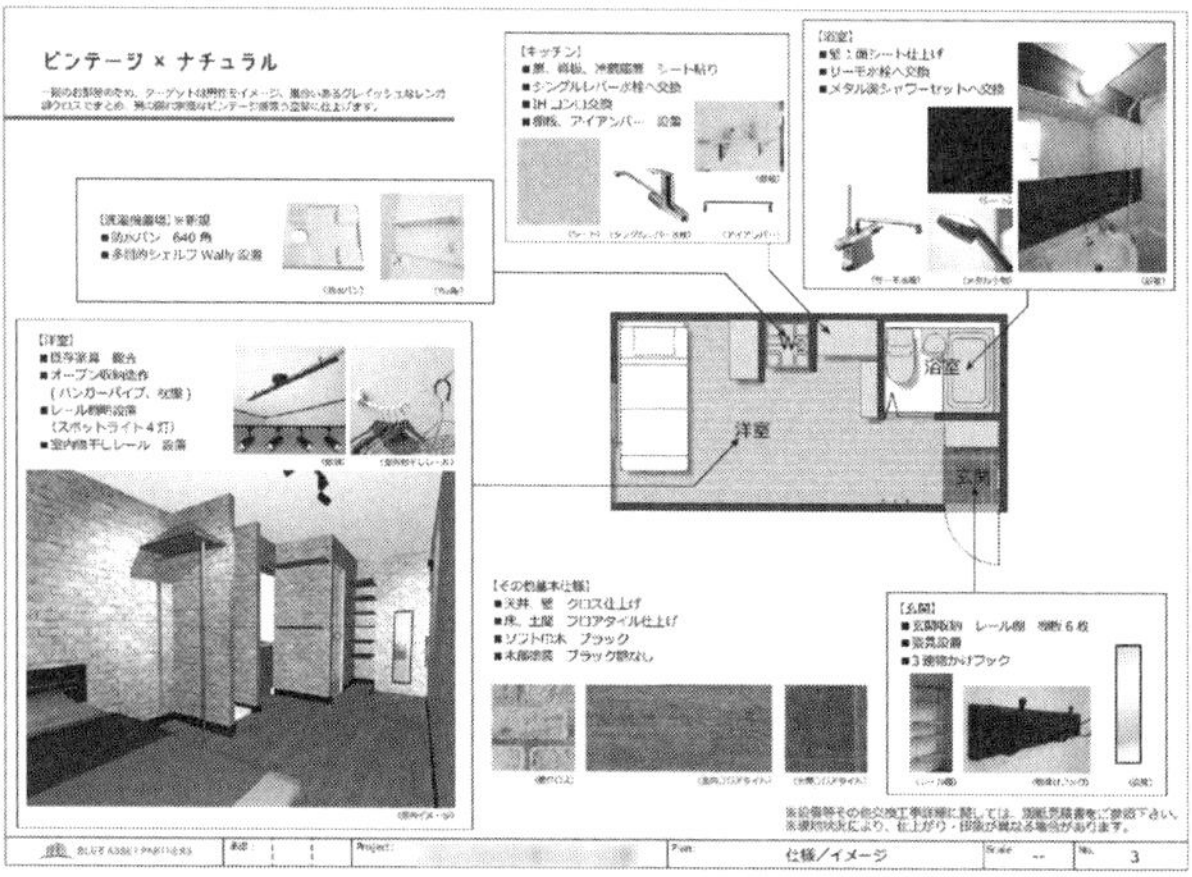

●まずは原状回復から

もちろんリノベーションは必ず行わなければならないことではありません。築10年以内だったり直近でリフォームを行っていたりする部屋は、原状回復（元の状態に戻す工事）で十分でしょう。

長期入居やオーナーチェンジで部屋の状態が分からない場合は、退去立会いまで現状回復のみの場合の条件で募集してみることが多いです。エリアやタイミング、条件によって原状回復だけで入居が決まるケースも多々あります。

そして退去後に、劣化状況やライバル物件の募集条件などを見ながら、原状回復かリノベーションかを決めていきましょう。

せっかくリノベーションをしたのに、その内容にこだわらない外国人の入居者が見つかったというケースもよくあります。つまり、お金をかけることなく清潔にするだけで入居が決まることもあるのです。

人口減少やインバウンドニーズの増加に伴い、今後は外国人への賃貸（民泊も含む）

を考えていかなければいけません。エリアによってはリノベーションという形だけでなく、外国人の需要を捉えられるよう思考の転換が求められるでしょう。

いずれにせよ、特にオーナーチェンジ物件を購入した場合、最初の退去があるまでは室内を確認できません。初めて見たとき「意外ときれい」ということもあれば、その逆で「予想外に小汚い」ということもあるでしょう。もし原状回復費にお金がかかりそうなら、そのついでにリノベーションを行うという考えも1つです。

繰り返しになりますが、リノベーションにお金をかけるときは費用対効果を考えることです。

私の会社ではそうした視点から、築10年以内の物件は原状回復をすすめることが多いです。10~15年だと損傷の部分など交換すべきものが増えてくるので、一度調査をさせてもらっています。そのうえで、なるべくコストを抑えて改善できないか検討します。

●ステージングで印象アップ

ステージングとは家具や雑貨などを設置し、より魅力的に見せることです。

さらに入居候補者に対して内覧時に良い印象を与えるため、ラグや観葉植物、照明器具をおしゃれなものにするのも有効です。それぞれ数千円くらいでそろえられます。私の会社では、この3つは常にストックしています。

あとは、おしゃれな英字が書かれたシャンプーボトル、質の高いリネン類を置いておくのも好印象につながります。ＩＫＥＡやニトリ、100円ショップなどを利用することでリーズナブルに部屋を飾ることができます。こうした取り組みは「ホームステージング」と呼ばれ、空室対策のトレンドになりつつあります。

この辺りの管理会社の対応は、オーナーが用意したものを設置協力したり、または一切協力しなかったり、私の会社のように「ホームステージング一式」を用意していたりするなどさまざまです。管理会社に依頼するかどうかは戸数の多さや費用対効果で判断すべきですが、時間的余裕があるなら自分で試してみるのもいいかもしれません。

第4章 空室対策、物件力アップ、コスト削減……
「有能な管理会社」を見抜くポイント

❶ 支出を下げる

❷ 収入を上げる

❸ 空室対策

●オーナー自身がリノベーションを行うことの注意点

コストをかけてでもリノベーションをすべきかどうかは、慎重に判断すべきです。この判断は、エリアや物件の状態、リノベーションを行う時期によって左右される部分が大きいといえます。

こうした判断をするときに「お金がないから自分でＤＩＹをすること」を選択するオーナーもいます。もともとＤＩＹが趣味で経験もある……というケースは別として、まったくの初心者がリノベーションを行うことには反対です。というのも自分で床やクロスを貼り替えたとしても、クオリティ不足で逆効果になるケースもあります。特に実践しやすいクロスに関しては、しわがよったり、糊《のり》が残ってホコリがついて汚くなったり、見た目の悪さが目立つケースもあります。

実際のところ、プロであっても仕上がりのうまい下手があります。しかしプロですから、仕上がりがいまいちであれば、やり直しを指示することもできます。

もしも初心者が安易に手を出して失敗した場合、最悪のケースだと、やり直す時間・

コストがかかり、内見のタイミングを逃すという機会損失につながる恐れもあります。

ＤＩＹをしている期間は家賃収入がゼロです。いくら丁寧にＤＩＹをしてもコストパフォーマンスは圧倒的に悪いでしょう。結局プロに発注するのであれば、最初の段階で手配しておいたほうがよかったという話もよく聞きます。

実は、有名不動産投資家の武勇伝の裏側には、そうした失敗談が隠されていることが珍しくありません。例えば、以前ある方が、メディアで「３００万円で購入した戸建ての家賃引き上げが成功して、利回り20%で売却した」という話を誇らしげに語っていました。

しかし実際には、ＤＩＹに1年かけていたのです。つまり、1年分の家賃収入はないわけです。加えてＤＩＹの費用もそれなりにかかっているでしょう。時間とお金に余裕があれば別ですが、不動産投資の魅力は不労所得にあります。自分の労働で利益を上げるのであれば、それは不動産投資とはいえないように思います。

●オーナー自身で外注先を決めることも可能

ここまで管理会社が外部業者（工務店など）に発注することを前提に述べましたが、実際にはオーナーが自分で発注することも可能です。

管理会社によっては、リフォームの内容や賃貸募集と連携が取りにくくなるため、オーナーによる直接発注を好まないところもあるので事前に確認しましょう。また、リフォーム会社と管理会社に直接やり取りしてもらうことで、オーナーの負担は減ります。

私は少しでも安く、安心して発注できる下請け会社、職人さんに依頼しています。内装であっても、外装であっても、自社でデザインを決めたあとで依頼するため、スムーズに進むだけでなく余計なマージンがかからない状態でオーナーさんに提案ができます。

管理会社からの見積り金額が高く、負担に感じるようであれば、オーナー自身が業者に直接発注します。ただし、リフォームポイントを伝えなければ賃貸募集でアピールできないので、注意が必要です。

本来なら、自ら職人に分離発注をするのが最もコスト削減になりますが、現実には工期を調整するのは至難の業です。そもそも個人オーナーからの発注を受ける職人は多くありませんので、複数の工程があるような場合は総合的に請け負える工務店を探すのがよいでしょう。

また、「多能工」と呼ばれる専門分野の広い職人の場合、コスト削減ができたり、納期を短縮できたりもしますが、得意・不得意はあります。例えばもともとが電気工事業者で内装工事もできる職人の場合、クロスの貼り替えに時間がかかり、かつクオリティが低いことも稀《まれ》にあります。多能工に発注する場合は、信頼できる経験者の紹介を受けることをおすすめします。

いずれにしても、一般的には工務店や職人に多くの工事を継続的に発注することで、信頼関係をつくっていくものです。そうなると、単発仕事しか発注できない個人オーナーはどうしても不利になります。

オーナーにとって理想的な管理会社には提案力があり、会計が明朗ということです。どんな内容の工事でいくらかかるのか。この工事を行うことでどれくらいの費用対効果があるのか。それが明確になれば、オーナーも判断がしやすくなりますし、任せてもらいやすくなると思います。

●大規模修繕

まず、大規模修繕とはどのような修繕なのか、定義・特徴を解説します。大規模修繕とは、建物の資産価値を維持するために経年劣化に合わせて実施するまとまった修繕工事です。

特徴は何といってもコストです。内装であれば数十万円規模ですが、大規模修繕となると数百万円、場合によっては数千万円単位での出費が生じます。

そのため、支出を抑えたい不動産投資にとってはなるべく避けたいところです。ただし、放っておくと雨漏りやタイルの剥《は》がれ落ちが出るなど、見た目も機能的にも入居に関わるため、最低限やらなくてはいけません。

しかし、すべて行わなくても、一部を補修することで改善もできます。また部分的に外壁のリノベーションを行うことで、費用を抑えてデザインを高めることができます。

私が経営する会社の事例でも、エントランスだけ修繕するというケースは多いものです。こちらもコストを抑えるという意識は持つべきですが、シートを貼る、館名板を替える、照明器具を新調するなど、中途半端ではなくしっかり対処すべきです。

私の会社では、費用をかけて行う大規模修繕のときにはリフォームだけではなく、インスペクションを同時に入れることをおすすめしています。

管理会社や工務店の意見だけではなく、設計士の意見を取り入れることで安心感へとつながるほか、売却時にもインスペクションを踏まえた大規模修繕を行ったという実績を得ることができます。

インスペクションは、規模によりますが10万円前後で行えます。

ビフォー

アフター

大規模修繕の周期

防水（屋上・ベランダ・廊下・階段など）

修繕周期の目安：10〜15年

外壁塗装・鉄部塗装・シーリング打ち替え

修繕周期の目安：外壁10〜15年　鉄部塗装４〜６年　シーリング10〜15年

※防水・外壁工事については、別途足場設置費用がかかります。

給排水設備（給排水管・給排水ポンプ・貯水槽など）

修繕周期の目安：給排水管15年　給排水ポンプ８年　貯水槽25年

電気設備

修繕周期の目安：10〜15年

エレベーター

修繕周期の目安：10～15年（定期点検：6カ月～1年　交換時期：25～30年）

この周期はあくまで参考です。物件の状態によって時期は変わります。

●収益を最大化するためにできること

収益をアップする方法は、ただ家賃を上げるだけではありません。大きく資金を投入できればいいですが、そうでもない限り限界があります。そのため家賃以外の収益をアップできないか検討します。

植栽の一部をなくす、塀を撤去する、駐車場のラインを引き直すことで、駐車場が増設できないか検討します。駐車場を増やすことで入居者の利便性も高まりますし、収益性もアップします。

また駐車場1台分が無理でも、バイク駐輪場の増設なら可能な場合もあります。入居者に貸し出す以外には、バイクコンテナなどを置いて、入居者以外に貸すというやり方もあります。とくにハーレーなど高価なバイクは、屋根付きのガレージに保管したいというニーズがあります。バイクコンテナにはコストがかかりますが、入居者に貸し出すより高額な賃料を取れるケースがあります。立地が良ければ、バイク駐輪場のサブリース会社もあります。

収益アップを考えた場合、次が挙げられます。

駐車場

駐車場は入居者に貸し出すほか、「外部貸し」「コインパーキング」「サブリース」にできます。近隣のニーズを確認して、費用対効果の高い貸し出し方を検討します。

自販機

人通りの多い道路に面している物件であれば、自動販売機を設置して収入を得るのも一手です。こちらはベンダー(自動販売機取扱い業者)と契約しますが、その契約条件は会社や設置する場所、どれくらいの利益が見込めるかによって変わります。

❶支出を下げる
❷収入を上げる
❸空室対策

看板収入

看板には、街中のビルの屋上に設置されたものや、壁面に取り付けられた電子看板「屋外デジタルサイネージ」があります。これは都会だけでなく、地方の国道や高速道路沿いにもたくさんあります。取り扱うのは不動産会社ではなく広告代理店となり、料金は大きさやエリアによってまちまちです。

アンテナ基地局

ドコモ、ソフトバンク、ａｕなどのケータイ基地局を物件屋上に設置することで、賃料を得ます。高い建物である、近隣に基地局がないなど設置条件はありますが、基地局が設置されると、永続的に携帯キャリアからの賃料が見込めます。ただし、こちらからの交渉は難しく、設置の依頼を待つしかないでしょう。

その他、１Ｆ店舗部分の副収入として「コインランドリー」「トランクルーム」（屋内型・屋外型）があります。

ポイント❸空室対策（満室を維持する）

空室対策では、さまざまなニーズを把握しておくことが大前提となります。例えば、入居者アンケート、オーナーアンケート、賃貸仲介会社アンケートを取るという方法があります。

私の会社が行っており、是非、他でも取り入れてもらいたいものに「ニーズ調査」があります。具体的にどのようなことを行うのかといえば、アンケートです。それも「入居者」「賃貸仲介会社」「オーナー」の三者からアンケートを取っています。

●入居者アンケート

「入居時アンケート」と「退去時アンケート」の2種類に分かれます。

入居時アンケートでは「なぜこの物件を選んだのか？」という質問と共に「仲介会社からすすめられたのか、自分で決めたのか、インターネットで見たのか」といった深掘りでヒアリングしています。加えて「この部屋にあればいいと思うもの」を答えてもらう項目もあります。結果、事前に不満を聞き出して改善する機会があるので、次回の募集時の参考にしたり長期的に入居してもらえるようになります。

このアンケートに対して入居者が直接的に得られるものはありませんが、質問数を限りなく少なくするのと、契約時の必須書類として仲介会社に回収してもらっているので、回答率は高いです。

私たちからは「管理会社として入居者の方々が快適な生活を送れるように、こういうアンケートを取っている」という旨だけ伝えるようにしています。

オーナーによっては自分でアンケートを取っていて、クオカードなどをプレゼントする人もいるようです。しかし、私の会社は契約時に行っているので、入居者にとって大きな負担にはなりません。オーナーにとっても財産になります。

回収したアンケートはデータベース化し、さらなるサービスの向上に役立てています。

空室対策はさまざまありますが、この方法だと入居者の声が簡単かつ効率的に集められるので、アンケート結果を踏まえた物件ごとの対策が講じられます。客付けをしない管理会社の多くは手間だと考えて実践しませんが、私はかなり価値が高いと自負しています。

また「退去時アンケート」では、すでに次の物件が決まっていることが多いですが、まず退去したいという話のあったタイミングで、なぜ退去したいのか、退去しないために管理会社としてできることはないのか、更新時の退去であれば更新料がなければ長く住んでいただけるのか、確認します。

「この物件に住み続けられる条件」を聞くようにしているのです。退去の理由を聞き、すぐに解決することで、場合によっては退去を思い留まってもらえるケースもあります。例えば、「隣がうるさい」という不満があった場合、それを解決すれば引っ越しをせずに済むかもしれません。もし退去がすでに決まっている場合でも、部屋にあったらよいと思う設備などを確認することで、オーナーに条件や設備について提案ができるようになります。

そもそも一般の管理会社（特に客付けしている会社）は、退去を止めないのがほとんどです。退去後のリフォームや募集が決まったときの仲介で利益が取れる仕組みになっていることが多いからです。逆にオーナー側には、仲介・リフォーム費用がかかります。

❶ 支出を下げる
❷ 収入を上げる
❸ 空室対策

入居時アンケート

ご入居者様アンケート

ご記入日　平成31年　4月　5日

今後のより良い住環境を皆様に提供できますよう、アンケートを実施させていただきたいと存じますので
ご協力の程宜しくお願いいたします。

◆お客様情報

お名前	[illegible]	性別	男・(女)	年齢	23　歳
物件名	[illegible]		部屋番号	101　号室	
間取り	3DK				

◆こちらの物件に決めるまで何件内見されましたか？
1　件

◆お部屋探しの期間
☐ 1日〜1週間　☐ 1週間〜2週間　☑ 2週間〜3週間
☐ 1ヵ月　☐ 1ヵ月半　☐ 2ヵ月　☐ 3ヵ月以上

◆こちらの物件を知ったきっかけは？
☑ インターネット検索（ SUUMO ・ athome ・ HOME'S ・ door賃貸 ・ スマイティ
SMOCCA！ ・ Yahoo!不動産 ・ O-uccino ・ マイナビ賃貸 ・ いえらぶ ）
その他ポータルサイト（　　　　　）
☐ 仲介業者様からの紹介
☐ 知人からの紹介
☐ その他　（　　　　　）

◆入居を決めたポイント（　複数選択可　）
【立地について】
☑ 駅からのアクセス　☑ 通勤・通学に便利　☐その他（　　　　　）
【設備について】
☑ 間取り　☐ 部屋の広さ　☐ 収納　☐ 室内のデザイン性（　壁紙・フローリング　）
☐ キッチン　☐ ガスコンロ　☐ IHクッキングヒーター
☐ 浴室乾燥機　☐ 追い焚き機能　☐ ウォシュレット　☐ 洗面化粧台
☐ 室内物干し　☐ ウォークインクローゼット　☐ 宅配ボックス　☐ シューズボックス
☐ インターネット無料　☐ ペット可
☐ オートロック　☐ 防犯カメラ　☐ TVモニター付きインターフォン
☐ その他　（　　　　　）
【費用について】
☐ 家賃　☑ 初期費用　☐その他（　　　　　）

◆こちらのお部屋に欲しいと思う設備はありますか？（　複数選択可　）
☐ 間取り　☐ 部屋の広さ　☐ 収納　☑ 室内のデザイン性（　壁紙・フローリング　）
☑ キッチン　☑ ガスコンロ　☑ IHクッキングヒーター
☑ 浴室乾燥機　☐ 追い焚き機能　☑ ウォシュレット　☐ 洗面化粧台
☐ 室内物干し　☐ ウォークインクローゼット　☐ 宅配ボックス　☐ シューズボックス
☐ インターネット無料　☐ ペット可
☐ オートロック　☐ 防犯カメラ　☑ TVモニター付きインターフォン
☐ その他　（　　　　　）

◆その他、管理会社にご意見・ご要望等があればお聞かせください。
オートロックではないのでTVモニター付きインターフォンがほしいです。

管理会社：　ブルーアセットパートナーズ株式会社
〒150-0002東京都渋谷区渋谷1-6-5　SK青山ビル6F　TEL：03-6450-6468

利益相反の仕組みが良くないのですが、止めてくれる会社は優良です。

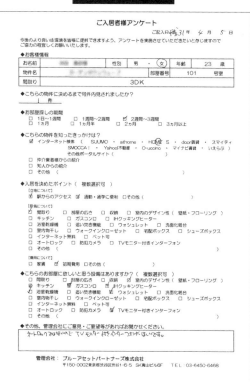

退去時アンケート

退去時アンケート

ご記入日 2019 年 4 月 2 日

弊社管理物件にご入居いただきましてありがとうございました。
この度、当物件を退去されるに当たりまして、今後の管理業務の参考資料とさせていただきたいと思いますので
大変お手数ですがご協力お願い申し上げます。

◆お客様情報

お名前		性別	男 ・ (女)	年齢	24 歳
物件名			部屋番号	301	号室

◆退去する理由について

☑ 転職・転勤・就職
□ 家庭の事情
□ 部屋が手狭になったから
□ 部屋の設備に不満 （具体的理由→ ）
□ 家賃が高いから
□ 騒音
□ 近隣トラブル
□ 建物管理に不満 （具体的理由→ ）
□ 交通の利便性が悪い
□ その他（

◆あって良かったなと思う設備はありますか？（ 複数選択可 ）

□ ガスコンロ　□ IHクッキングヒーター
☑ 浴室乾燥機　□ 追い焚き機能　□ ウォシュレット　□ 洗面化粧台
□ 室内物干し　□ 収納　□ 宅配ボックス　□ シューズボックス
□ インターネット無料
☑ オートロック　□ 防犯カメラ　□ TVモニター付きインターフォン
□ その他（ 冷蔵庫

◆無くて困ったと思う設備はありますか？（ 複数選択可 ）

□ ガスコンロ　□ IHクッキングヒーター
□ 浴室乾燥機　☑ 追い焚き機能　□ ウォシュレット　☑ 洗面化粧台
□ 室内物干し　□ 収納　☑ 宅配ボックス　□ シューズボックス
☑ インターネット無料
□ オートロック　□ 防犯カメラ　□ TVモニター付きインターフォン
□ その他（

◆生活していて、不満に感じた点はございましたか？　何でも結構ですのでお聞かせください。

・台所のスペースが狭く、まな板を置いて調理することが不便でした。

◆その他、管理会社にご意見・ご要望等があればお聞かせください。

ブルーアセットパートナーズ株式会社
〒150-0002　東京都渋谷区渋谷1-6-5　SK青山ビル6F
TEL：03-6450-5633（代表）／ 賃貸管理部：03-6450-6468

●賃貸仲介会社アンケート

私たち管理会社にとって賃貸仲介会社は大切なパートナーです。ここを大切にしなければ空室を埋めることはできません。管理会社の中には「賃貸仲介会社が客付けをして当たり前」と思っている会社がありますが、そうではなく、なくてはならない存在です。

賃貸仲介会社へのアンケートは「なぜ、数ある物件の中からこの物件を選んで客付けしてくれたのか？」という質問が中心です。このアンケートによって、設備が良かったのか、広告費が高かったからなのかという本音を把握できるようになります。

基本的には電話でヒアリングし、エクセルで情報をまとめていきます。紙でのアンケートだと返信率が悪いのと、適当に書かれても分からないので、電話でヒアリングしています。そうすることでできるだけ生の声を聞かせてもらうようにしているのです。

ただ、質問が多すぎたり長すぎると悪い印象を与えてしまうので、できるだけ簡素化する必要があります。

「なぜこの物件をすすめたのか」を聞く質問の選択肢には、「広告費が高いから」「部屋の広さや設備がお客様の条件に合致していたらから」などがあります。

また私の会社は土日も営業していますが、「急な来店でも日曜に管理会社がやっていて案内から申込、保証会社の審査までやってくれたから」というのも意外に多い理由でした。管理会社の中には週末休みの会社もあります。Ｗｅｂから申込ができるなどの対応をしているところもありますが、やはり直接やり取りできるほうが、賃貸仲介会社から見て確実で安心と感じるようです。そのため週末営業はＰＭ型管理会社には必要であると思います。

そのほか、入居者が決めた理由としては「立地」「インターネット設備が充実していたから」などがあります。

●オーナーアンケート

私が経営する会社では、年に1～2回ご挨拶がてらお会いする機会を設けています。そのとき自社の管理サービスについてヒアリングしています。オーナー様が多忙でお会いできない場合は電話でヒアリングすることもありますが、これは非常に価値のあることだと思っています。

質問は「他の管理会社のいいところで、私たちの会社でもできることはありませんか？」「会社のサービス向上のために、どんな取り組みをすべきだと考えますか？」「当社のサービスで至らないところはありませんか？」といった内容です。

また、不定期ではありますが、オーナー様との交流会も開催しています。

このように入居者、賃貸仲介会社、オーナー様にヒアリングをすることで、今まで気づけなかったことが分かるようになるのです。これらのアンケートはオーナー様はもちろん、賃貸仲介会社、入居者、そのすべてに満足いただくための試みとして行っています。

●人気設備導入

入居者の満足度を上げるには「人気設備導入」という方法もあります。無料インターネット、宅配ボックス、家具家電付きなどが挙げられます。『入居者に人気の設備ランキング２０１８』（全国賃貸住宅新聞社調べ）でも上位ランキングの人気設備です。

無料インターネット

テレビよりもYouTubeや動画を好んで視聴する若者にとって、無料インターネットのニーズは高いものです。ここ数年、ランキングでも連続1位となっており、おすすめしています。家賃に反映しないケースもありますが、その場合も決まるスピードが速くなります。

一般的に入居者がネット回線を契約すると月5000円程度かかるのが、無料インターネットが入っている物件だとその分が無料になるので、たとえ「家賃が3000円上がっても2000円は得する」というふうに入居者は認識します。

私の会社では、どの会社のインターネットを導入するかについてネット回線の業者の比較表を作成しているので、それをもとにオーナーに決めていただいています。

物件によって設置条件が変わるケースも多いため、速度、料金、戸数を考慮したうえで安い会社を紹介してオーナーに直接お申し込みいただきます。私の会社を通しても料金が高くなることはありません。

特に新築を建てる際には、中古に比べると導入の手間や工事が楽なので、ネット回線のことは必ず検討しています。ネット回線の業者は数多く存在するので、どこか1社に偏ってすすめるのではなく、選択肢を提示できる管理会社が有能といえるでしょう。もちろんオーナー自身で探すことが大切です。

宅配ボックス

インターネット通販の普及から、宅配ボックスも利便性が高く人気です。必要な数は世帯数×30％程度が一般的とされています。例えば、10戸のアパートであれば3つ、20戸であれば6つが目安です。設置することによる家賃引き上げは難しいかもしれません。見た目の良さから、新築であればポストと一体型のタイプがおすすめです。

防犯カメラ

オートロックは難しいですが、防犯カメラは10万円程度で付けられ、ランニングコストもほとんどかかりません。防犯カメラを付けることで、入居者に対して安心感を与えられますし、不法なゴミ出しなどのトラブルを事前に予防することもできます。中古物件でも取り付け可能です。

家具家電付き

家具家電付きが特に喜ばれるのは、学生、外国人、転勤してきた人などです。物件エリアと立地に需要があるのかをマーケティングリサーチしてから導入を決めるのがいいでしょう。

過去の事例でいえば、1戸16平米と狭いものの家具家電付きにしたことで、完成1カ月半前にもかかわらず、相場より高い家賃で8割入居が決まっています。

最近のシェアハウス人気からも分かる通り、引っ越し費用にお金をかけられない人が増えています。ですから、家具家電付きは世の中のニーズに合っているといえるでしょう。

ただし費用がかかるため、導入は慎重に決めましょう。導入を決める際にはマーケティングリサーチをきちんと行うべきですし、最初からやらなくてもいいでしょう。

ＩｏＴ家電

テクノロジーの発展に伴い、ＩｏＴ家電も最近では増えてきています。ＩｏＴは、Internet of Things の略で、日本語に訳すと「モノのインターネット」です。つまりインターネットにつながった次世代の家電のことです。

例えば、照明に話しかけると電気がついたり消えたり、エアコンに話しかけると電源がついたり消えたりするイメージです。また、スマートフォンで鍵を操作できるスマートロックもＩｏＴ家電の派生系といえるでしょう。ちなみに民泊の世界では、スマートフォンに暗証番号が届いて鍵の開け閉めを行うのは当たり前になっています。

今後、こうした製品はどんどん出てくるはずです。しかし重要なのは、効果が確実に出るかということです。最新の設備やサービスはコストもかかりますから、興味本位だけで導入するのはリスクがあります。

●入居条件の緩和　～ペット可物件の注意点～

客付けに効果的な手法として、入居条件の緩和があります。日本人のみだったアパートを外国人可としたり、ペットNG物件をペット可物件にしたりすることなどがあります。

「ペット可」物件は数が少ないため、客付けでは効果が見込めます。ペットを飼いたくなったけど、今の部屋は「ペット不可」だから退去する、という理由です。そのような要望が多ければペット規約を設けたうえで応じたいところですが、途中からペット可にすると、他の入居者から不満が出る可能性もあるので判断が難しいところです。

また、ペットによって匂いや傷などさまざまなリスクが発生します。例えば、畳にペットの匂いが染み付くと取れなくなってしまいます。それは仮に敷金2カ月で償却するという条件でも厳しいといえます。

もし空室率が高かったり、戸建てなど最初からペット可にしていたりするならいいと思います。しかし、鳴き声が嫌いな人もいますし、アレルギーを持った人もいるので、途中変更はそれなりにリスクが高いといえるでしょう。

また、ペットの足音は騒音問題にもつながりますので、ペット可の物件についてはクッションフロアがおすすめです。クッションフロアにすれば床の傷もつかなくなるので、リフォームコストを考えるなら必須条件ともいえます。

また新しい入居者が決まった場合も「現状のクッションフロアを新調するなら、費用は全額負担してもらいます。ただし現状のままでいいなら、費用はかかりません」ということにすると、多頭飼いしている人が入居してくれる可能性が高まります。

多頭飼いがＮＧになっている物件は多いため、多頭飼いできる物件ができると、そこに申込が殺到するというケースもあります。ですので、駅から遠い物件や築古物件は「多頭飼い可」を強みにするという戦略もあるでしょう。

●物件写真の撮り方

マイソクに載せる物件写真は、超広角レンズで撮影します。時間帯は午前中に撮るとよいと思います。日中になると影ができてしまい、写真として見たときの印象が少し悪くなるからです。

私はマイソクの写真を自社で撮影し、賃貸仲介者へメール送付、業者間情報ネットワーク「レインズ」にも掲載します（そうすることでレインズを通じて画像のダウンロードができます）。なおインターネット掲載の募集用の写真は、賃貸仲介会社が改めて撮影するケースも多いです。特に東京の客付会社の場合、大半は自分たちで撮りに行っています。


また、写真の枚数は募集サイトによっては上限（20〜30枚）がありますが、できるだけ多く載せたほうが判断材料になるので、入居者にとって好印象になります。室内全体を広角で撮った写真はもちろん、キッチン、浴室、トイレ、玄関、そして物件の強みとなるポイントも載せたほうがいいでしょう。ただ、例えば15平米のワンルームとなれば、点数は限られます。

物件の写真と合わせて、駅や近所のスーパーの写真が載っていることがありますが、私の会社の場合、そうした写真は客付会社に撮影してもらっています。

通常のカメラで撮影

広角レンズで撮影

●募集広告のポイントと出し方

入居者を募集する際は賃貸仲介会社に良い物件と思ってもらえることが大切です。そのうえで、できるだけ多くの人に目を向けてもらうようなデザインにすることがポイントになります。例えば、前述した人気設備の写真を目立たせるなどです。

また、賃貸仲介会社が客付けしやすい図面を作成することも重要です。一般的には募集チラシ（マイソク）を管理会社が作り、レインズやアットホームに掲載したり、客付会社に送ったりします。客付会社に直接持ってまわり、物件の強みなどを説明して、客付会社のモチベーションを上げることもあります。

ですから、客付会社にとって分かりやすく、入居候補者に強みを説明しやすいような資料を作成する必要があります。

募集チラシ（マイソク）は基本的に、四角い枠の中に地図や間取り、設備、駅からの距離などの必要情報が入ります。とくに費用をかけた設備については強くアピールしましょう。私の場合、設備と仕様は細かく明記しています。シューズボックス、ディンプルキー、シャッター窓、冷蔵庫、ＩＨクッキングヒーター、浴室乾燥機、温水便座というイメージです。また「インターネット無料」などの物件の強みもしっかり書きます。

逆に必要な情報が書かれていなかったり、アピールポイントが不十分であったり、読みづらい募集チラシ（マイソク）を作成する管理会社は能力不足だといえます。なお、入居候補者に見せてはいけない情報、例えば広告費、フリーレント、振替可、業者目線でのアピールポイントは、欄外に書きます。

マイソクは普段オーナーは見る機会がないので、その重要性がイメージしづらいかもしれません。しかし客付けを左右する要素のため、１日でも早く公開することが求められます。

マイソクに力を入れていない管理会社だと〝早かろう悪かろう〟なので、１日あれば作成しています。ただ、十分なクオリティを求めるのなら、例えば新築時の一棟・12部屋だと1週間ほどかかることもあります。自社で作成するか、外部のデザイン事務所に依頼するかは会社によって分かれます。

図面デザインにより第一印象が変わります。相手にとって最初の入口になる。

新築であることを強調。

部屋別にカラーで分かれていてわかりやすい。

設備・仕様も見やすくまとめて表示。

周辺の施設があると良いアピールになる。

構造と同じ様に賃料を表示する事で所在階の値段違いがわかりやすい。

新築の場合、地図上で載っていない事が多いので募集図面に地図を入れてあげると案内しやすい。

広告料を目立つ色でアピール！ADの使い方は仲介で決める事と明記すればお客様と相談しやすくなる。

初期費用や更新にかかる料金を記載する事で仲介が案内しやすくなる。

案内する為の鍵対応記載があるので仲介が案内の行動予測が出来る。

マイソクの比較

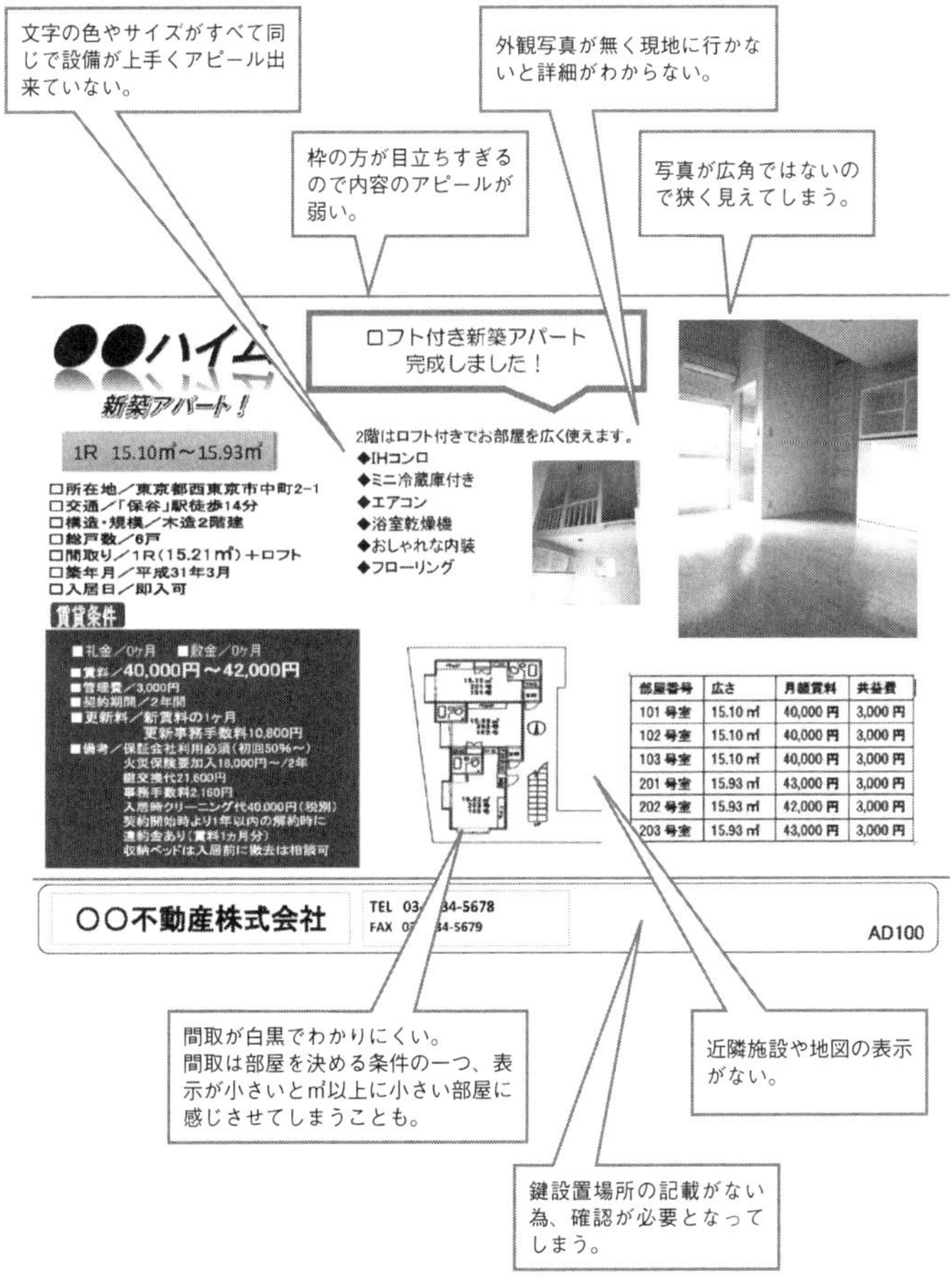
文字の色やサイズがすべて同じで設備が上手くアピール出来ていない。
外観写真が無く現地に行かないと詳細がわからない。
枠の方が目立ちすぎるので内容のアピールが弱い。
写真が広角ではないので狭く見えてしまう。
●●ハイム
新築アパート！
1R 15.10㎡～15.93㎡
□所在地／東京都西東京市中町2-1
□交通／「保谷」駅徒歩14分
□構造・規模／木造2階建
□総戸数／6戸
□間取り／1R（15.21㎡）＋ロフト
□築年月／平成31年3月
□入居日／即入可
ロフト付き新築アパート
完成しました！
2階はロフト付きでお部屋を広く使えます。
◆IHコンロ
◆ミニ冷蔵庫付き
◆エアコン
◆浴室乾燥機
◆おしゃれな内装
◆フローリング
賃貸条件
■礼金／0ヶ月　■敷金／0ヶ月
■賃料／40,000円～42,000円
■管理費／3,000円
■契約期間／2年間
■更新料／新賃料の1ヶ月
更新事務手数料10,800円
■備考／保証会社利用必須（初回50%～）
火災保険要加入18,000円～/2年
鍵交換代21,600円
事務手数料2,160円
入居時クリーニング代40,000円（税別）
契約開始時より1年以内の解約時に
違約金あり（賃料1ヵ月分）
収納ベッドは入居前に撤去は相談可
部屋番号　広さ　月額賃料　共益費
101号室　15.10㎡　40,000円　3,000円
102号室　15.10㎡　40,000円　3,000円
103号室　15.10㎡　40,000円　3,000円
201号室　15.93㎡　43,000円　3,000円
202号室　15.93㎡　42,000円　3,000円
203号室　15.93㎡　43,000円　3,000円
○○不動産株式会社
TEL 03-　34-5678
FAX 03-　34-5679
AD100
間取が白黒でわかりにくい。
間取は部屋を決める条件の一つ、表示が小さいと㎡以上に小さい部屋に感じさせてしまうことも。
近隣施設や地図の表示がない。
鍵設置場所の記載がない為、確認が必要となってしまう。

●賃貸仲介会社へのアプローチ

直接客付けを行わないＰＭ型管理会社にとって仲介会社へのアプローチは最も重要となります。

私が行っている客付会社へのアプローチは、過去に問い合わせがあった業者、１回でも入居付けをしてくれた業者への訪問と、ＴＥＬ・メール・ＦＡＸは基本です。過去のデータはすべて蓄積されているので、精度は非常に高いといえます。

通常、募集をかけ始めたタイミングでメール・ＦＡＸを各社に一斉送信します。その後、条件を変更した場合は、都度再アプローチを行っています。赤羽にある物件であれば、最初は最寄り駅から始め、次に池袋周辺で募集し、その後新宿周辺に変更するというイメージです。そうすることで、別の客付会社の目に触れる可能性も高まるわけです。

空室が埋まらない物件に対して私は、客付け能力が高い賃貸仲介会社に複数回連絡をすることもありますし、同時に広範囲でアプローチしています。ＰＭ型管理会社はこのようにして賃貸仲介会社と強いパイプをつくることが重要と考えます。

また、オーナー様への活動報告も行っています。空室が埋まらないと、誰でも不安やストレスを抱えるものです。かといって、オーナー側から質問するのもまた気を遣うものです。なので、管理会社から現状を自主的に伝えることで、オーナー様に少しでも安心感を持ってもらおうという取り組みをしています。

「キャッシュフロー推移表」の作成

私の経営する会社独自のサービスですが、毎月の収支報告に加え物件のキャッシュフローが分かる「キャッシュフロー推移表」というものをお送りしています。これは経営者であれば分かる方もいると思いますが、会社には決算書とは別に月間で利益を把握していく「月次推移表」というものがあります。「キャッシュフロー推移表」はこれに似たものです。賃貸経営も会社の経営と同じく、決算後に税理士からいくら利益が出たか報告を受けるだけではなく、毎月どのくらい利益が上がっているのか、物件ごとに把握することが必要です。

しかし現実にはキャッシュフローどころか、購入後は毎月の収支報告書を見るぐらいで、物件ごとの支出や利益にまで気が回らないのではないでしょうか。忙しい投資家や複数棟持っているオーナーは手間もかかるため、なおさらでしょう。

そこで、「キャッシュフロー推移表」によって、物件ごとに支出を抑えなければいけないところや、利益が出ていない理由を把握します。結果としてキャッシュフローを上げるという、オーナーと管理会社との意思疎通にもつながります。オーナーにとっては、「これだけもらえればいい」というぐらいわかりやすいものです。

また管理2年目以降はキャッシュフローの実績データがあるため、年間の予測利益を把握しながら対策を取っていくことができます。

キャッシュフロー推移表を作成するために、私たちは管理会社が把握していない支出（固都税、火災保険、ローン返済、税理士報酬など）を一度報告していただいています。管理会社は毎月の収支を把握できていますので、キャッシュフローという仕組みさえ理解していれば、毎月大きな手間なく送ることができます。逆に賃貸経営を理解していない管理会社だと、作成することはできても活用していくことが難しいでしょう。

また、この表には購入時期、購入価格、借入残高も毎月記載していますので、現在売却したらいくら利益が出るのかも把握しやすくなっています。

通常は確定申告（法人であれば決算）後に物件の利益および納税額を計算すると思いますが、この推移表があることによって税理士と決算前に対策を打つことも可能となります。

2019年5月　キャッシュフロー推移表

管理会社：ブルーアセットパートナーズ株式会社

物件取得金額	ローン借入金額	ローン借入期間	借入先	金利	保有形態	決算月	満室時賃料
xxx,xxx,xxx	xxx,xxx,xxx	xx年	●●●●	1.50%	法人	11月	1,112,920
2019年5月	2019年6月	2019年7月	2019年8月	2019年9月	2019年10月	2019年11月	合計
1,119,000							6,261,000
28,600							155,520
25,920							155,520
							0
							0
							434,480
							0
							0
1,173,520							7,008,600
38,021							210,277
10,000							60,000
61,844							121,844
							793
45,000							45,000
							0
							0
							0
							0
154,905							437,954
1,018,615							6,570,646
8,402	8,402	8,402	8,402	8,402	8,402	8,402	100,804
62,758	62,758	62,758	62,758	62,758	62,758	62,758	753,100
437,361	437,798	438,236	438,675	439,113	439,522	439,922	853,904
143,651	143,124	142,686	142,247	141,809	141,370	140,930	1,720,076
20,000	20,000	20,000	20,000	20,000	20,000	20,000	240,000
20,833	20,833	20,833	20,833	20,833	20,833	20,833	250,000
							0
							0
							0
							0
692,916	692,916	692,916	682,916	692,916	692,916	692,916	8,314,967
325,699							2,413,172
15/300	16/300	17/300	18/300	19/300	20/300	21/300	
143,123,986	142,686,188	142,247,952	141,809,277	141,370,164	140,930,612	140,490,620	

キャッシュフロー推移表

オーナー	物件名	構造	築年数	物件取得日
●●●●●●	●●●●●●	RC	xxxx年xx月	2018年1月18日

			2018年12月	2019年1月	2019年2月	2019年3月	2019年4月
管理会社支払分	収入の部	賃料	1,060,000	1,060,000	1,060,000	981,000	981,000
		共益費	27,000	27,000	27,000	27,000	24,000
		駐車料	25,920	25.9.0	25,920	25,920	25,920
		敷金／補償金					
		礼金					
		その他	79,000	243,480			112,000
		合計	1,191,920	1,356,400	1,112,920	1,030,920	1,142,920
	支出の部	管理料	35,996	36,057	33,401	33,401	33,401
		日常清掃	10,000	10,000	10,000	10,000	10,000
		修繕費			60,000		
		電気料金					793
		広告料					
		消費税					
		振込手数料					
		合計	45,996	46,057	103,401	43,401	44,194
	収支合計（送金額）		1,145,924	1,310,343	1,009,519	987,519	1,094,726
オーナー支払分	支出の部	火災保険10年（1,008,220円）	8,382	8,402	8,402	8,402	8,402
		固都税（753,100円）	62,758	62,758	62,758	62,758	62,758
		ローン返済元金	435,181	435,616	436,052	436,488	436,924
		ローン利息	145,741	145,306	144,870	144,434	143,998
		共用電気代（概算）	20,000	20,000	20,000	20,000	20,000
		税理士報酬（250,000円）	20,833	20,833	20,833	20,833	20,833
	支出合計（概算）		692,896	692,916	692,916	692,916	692,916
キャッシュフロー			453,028	617,427	316,603	294,603	405,810
回数／返済金額			10/300	11/300	12/300	13/300	14/300
借入残高額			145,306,427	144,8702811	144,434,759	143,998,271	143,561,347

※本シミュレーションは概算です。また納税額を算出するものではございません。

ただし最終的な税額を算出する「所得」を計算するには、所得税や青色申告控除額、減価償却費、その他経費額も必要となります。そこで「キャッシュフロー推移表」では物件の成績を、オーナーと管理会社が共有するためのものとしてシンプルな項目で使用します。

私の顧問税理士は決算の2カ月前に正確な所得を計算して、節税の対策も行っています。不動産投資は税金との関わりが深いため、今後は管理会社にも税の知識が必要となってくるでしょう。

売却時の譲渡税

個人所有の物件は、売却のタイミングによって「長期譲渡所得」と「短期譲渡所得」で税金の多寡が変わるので、注意しておきたいところです。

短期譲渡所得

不動産の所有期間が5年以下の場合での売却益は「短期譲渡所得」となります。正式には売却した年の1月1日現在で「所有期間5年以下」の場合は、所得税・住民税を合わせて39・63％の税率となります。

長期譲渡所得

売却した年の1月1日現在で「所有期間5年超」の場合は所得税・住民税を合わせて計20・315％の税率となります。なお2013年から2037年までは、加えて復興特別所得税（基準所得税額×2・1％）が課されます。

法人の場合は利益に対して法人税がかかる仕組みになっています。具体的にいえば、個人の賃料収入と売却益にかかる税金は別に計算しますが、法人の場合は所得の内容による区分が基本的にありません。一期間におけるすべての収入と経費を合算した所得金額に対してかかります。

法人税は「資本金1億円以下の中小法人に当たるか」「それ以外の普通法人か」で税率などが変わります。

いずれにせよ、税理士と連携することで税金に対する疑問を払拭できたり、何といっても売買時にアドバイスをもらえるので、相談できるとよいでしょう。

税務について学ぶことの重要性

税理士への依頼は費用もかかるため、所有物件が少なく順調に経営できていて、今後の買い増しや売却を考えていないという人なら不要です。誰もが税理士に頼る必要はありません。

ただし、法人をつくって規模拡大をしていく予定だったり、相続税対策を検討する必要がある場合、税理士の力を借りる必要があるでしょう。とはいえ、不動産投資の知識が乏しい税理士も多いので、その点はきちんと見極めなければなりません。管理会社と同様に信頼できる税理士を見つけましょう。

また私はオーナーも最低限の税金の知識を持っておく必要があると考えます。税金を知ることで、不動産投資で役立つことはもちろん、どういうお金の流れで動いているのかという根本的な仕組みが分かるようになります。

基礎知識があれば、税理士にも正確な質問をしやすくなるので、勉強するに越したことはありません。税理士の資格が取れるほど勉強する必要はありませんが、さまざまなシーンで役に立つでしょう。

サラリーマン大家の場合、節税をしようとばかり考えていることが多いですが、俯瞰的に仕組みをとらえ、そのうえでどういう対策をすればいいのかを戦略的に考えることをおすすめします。

第5章

「デキる管理会社」に任せれば、投資成績は必ず向上する

その管理会社は「投資」を理解しているか？

管理会社が投資家なら誰でも持つ「少しでも収益を上げたい」「キャッシュフローを多くしたい」という想いを理解できていないことは多くあります。それは、やはり「オーナー＝お金持ち」という認識があるからです。オーナーが地主であるのか投資家であるのかを知らず、ローン返済や税金についても把握していません。

オーナーの背景を一切知らないうえで「お部屋、もう古いですから、こうしないと入居者が付きませんよ」と説得してしまう管理会社が実に多いのです。もちろん、「古いから空室でも仕方ない」と諦める管理会社よりはまともですが、投資用物件ということも把握せずに一方的に要望を言ってくる管理会社も、オーナーからすれば良い管理会社とはいえません。

管理会社と一口に言っても、管理業務しか行っていない会社もあれば、投資用物件を扱う売買仲介会社の管理部門というパターンもあります。特に自社がプレーヤーとして物件を運営していると、オーナーと同じ感覚で物事を考えられる担当者も出てくるものです。

また、自身に不動産投資の経験があり、管理だけではなく全般的な知識を持つ担当者もいます。ただ、これは管理会社で働く社員の数％にも満たないと思います。ほとんどそういった感覚はなく、不動産投資に対して理解を深めようとする姿勢に乏しい傾向があります。

そうなると、家賃設定を相場だけで決めつけてしまったり、一般的な工事費がどれくらいなのか理解していなかったり、家賃を上げるための工夫をしなかったりします。つまり、賃貸管理以外の知識が浅いのです。

かつて私が所有している物件でも、付き合いで大手に管理を頼んだことがありました。このときに感じた不満を、良い経験として役立てています。

本書で紹介した「キャッシュフロー」を、管理担当者の多くは知らないと思います。そもそも「収入と支出があって、手残りが利益」ということですらほとんど理解されていないのです。

しかし、それを管理担当者が知っていれば、収入を上げる、もしくは支出を抑える方法を勉強しようと思うものですし、オーナーが喜ぶ提案も積極的にできるはずです。例えば第4章で紹介した「キャッシュフロー推移表」は、自社で8棟保有していること、売買を行うにあたりオーナーの意見を取り入れたこと、管理会社ができること、税理士と提携することで実現できることを考え、作成しています。

不動産投資では、買うときの思考と運用するときの思考がまったく異なります。管理担当者は買うときの思考を理解していないので、オーナーが求めているものが分からないのです。

いずれにしても、管理会社が「投資物件」であることを理解して、収益性を上げることに協力する……これがパートナーになるための最低条件だと考えます。

また、信頼できる管理会社としての判断材料に、制度や資格を取得しているというのもあります。

賃貸管理業に特化した登録制度に「賃貸住宅管理業者登録制度」があります。賃貸住宅管理業者登録をするためには、事務所ごとに1名以上の「賃貸不動産経営管理士」か、管理事務について6年以上の実務経験を有する者の設置義務があります。賃貸不動産経営管理士とは賃貸管理全般の業務に対しての知識・技能を持つ賃貸管理の専門資格であり、近い将来国家資格になるといわれています。

なお、賃貸住宅管理業者登録されている管理会社は、国土交通省のホームページ「建設業者・宅建業者等企業情報検索システム」にて、簡単に検索することができます。

資格があるから優秀とは限りませんが、賃貸経営に関する知識を有しているという一つの目安になるでしょう。

使命感を持って起業

私が不動産投資を始めたのは、不動産投資会社に勤めるサラリーマン時代のこと。法人を設立して物件を購入したのがきっかけです。

その背景には、副収入はもちろんですが、オーナーの考え方や実践していることを自分も経験したかったという想いがあります。

「法人をつくり、決算を迎えると何にお金が出ていくのか。賃貸管理では、どういう不満があるのか」という、オーナーの悩みを把握したかったのです。

最初に購入したのは埼玉県の戸建賃貸で、物件価格は500万円程度、利回り約20％でした。実際に経験した結果、まったく考えが変わりました。やはり実際にやってみないと分からないことが多くあります。今ではそれを社員に伝えています。

今では、私が経営する会社は戸建てや一棟マンション・アパートなど8棟の不動産を所有していますが、「埋まりにくいエリアがある」「修繕には意外とお金がかかる」といったことを経験してきました。その中で当時、管理会社のサービスに対する不満を感じており、「オーナー目線でサービスを提供する管理会社を立ち上げたい」と思うようになり始めました。

「投資用管理」のプロならではの提案

不動産投資は1人だけでできるものではありません。管理会社はもちろん、各専門家との連携が必須なのです。

そうした中、管理会社を見極めるうえで「提案力」は非常に重要なポイントです。「修繕に対するパッケージ」「税務」など多角的な視点で提案してもらえるかということです。提案するだけなら、どんな管理会社でもできます。しかし、肝心なのはその中身です。オーナーが求めていることを無視して自社都合で言っているだけでは、本来の意味での提案にはなりません。

よくあるのが、繰り返しになりますが、オーバースペックなリフォームの提案です。その基本となるのが「オーナーがお金を出せば」という考えです。空室の理由を自分たちの努力不足ではなく、「部屋が古いから」「お金を出さないから」という安直なところで考えてしまっているわけです。

極端な話、すべてを新品にすれば埋まると思っている人もいますが、実は設備ではなくて収納の少なさや、隣人の騒音が空室の理由かもしれません。これもやはり、「ただ空室をなくせばいい」と思考停止になっている担当者にありがちなパターンです。

かといって、ソフト面（運営）とハード面（建物・設備）、どちらに原因があるのか。

また、どのように対策したらいいのかを、オーナー自身が判断するのも簡単ではありません。

もちろん、共に時間とコストをかけられるのが理想なのですが、現実的にはすべてを把握することはできませんし、投資である以上、潤沢にお金を使ってあらゆる手を打つこともできません。

このとき重要となるのが、やはり提案をしてくれる管理会社の存在です。オーナー1人でこの判断をするのは上級者でも難しいでしょう。しかし実際には、提案をしてくれる管理会社はほぼ存在しません。どんどん見積りを送ってくるだけで、最低限の説明もしないのです（「説明できない」と言ったほうが正しいかもしれません）。

そのような状況を踏まえて、私が経営する会社のサービスでは、もちろん提案・説明をしています。その際、「最低限これだけはやったほうがいい」ということだけでなく、「これはやらなくてもいい」ということもお伝えしています。

まずは「税理士」による面談から

私たちがお客さまに提案をする際は、最初の面談時に自社の管理を説明し、お客さまの現状をヒアリングすることから始めます。いわば「物件の健康診断」です。２回目の面談時には、査定書をお見せしながら「現状の管理と変更後の管理でどういった違いが生まれるか」ということを説明します。

そして納得していただいた後、管理委託契約を締結したら、管理の引き継ぎ業務に取り掛かります。

引き継ぎが終わったら、「不動産に強い税理士」との面談の場を無料で設けています。セカンドオピニオン的な利用でもＯＫです。希望しない方以外は全員に、節税や相続税対策、今の税理士さんとのお付き合いの仕方についてもアドバイスしています。

その後、設計士による物件チェックを行うことで、修繕の必要性までを確認できます（詳細は次項をご確認ください）。ここまでの流れを踏まえ、キャッシュフローも含めた収支レポートを毎月送ることができるようになります。

これが通常の管理手数料の中で、私の会社が提供するサービスです。各専門家が自社と顧問関係にあるため、オーナーが必要だと思う仕組みをつくっているだけで大きな手間はかけていません。そのため同じ手数料で、こうした他社にないサービスが行えるのです。

第三者「設計士」の建物チェック（簡易診断）

希望しない方以外は、第三者の設計士による現地での建物チェックを行います。インスペクションに関しては、「重要性は理解しているものの、お金がかかるから……」と避けている人も多いのではないでしょうか。

しかし私が経営する会社の場合、本格的なインスペクションでなく、インスペクション会社監修の定期巡回の説明や、物件の相談という位置付けとなっています。この際に本格的なインスペクションを行いたい場合は差額分をお支払いいただきますが、基本的な費用は自社で負担しています。これにより、劣化状況から修繕状況も分かりますので、「いつ大規模修繕を行うべきか」といったことまで提案できます。

補足になりますが、インスペクションの効果は売却時にも出ます。何といっても物件購入者に安心感を与え、売りやすくするということです。築古の物件の場合、建築確認や検査済証がないこともありますが、インスペクションはそれに代わる安心材料になるでしょう。

特に、物件の価値を上げることに力を注いでいるオーナーにはおすすめです。築古だとどうしても評価が低くなりがちですが、修繕履歴が多く、それが第三者によって担保されているのであれば、相場よりも高値で売却できる可能性が高まります。

また、売却後のトラブルに遭う確率も減らせるでしょう。２０１８年から重要事項説明書にインスペクションの実施有無を記載することが義務化されたように、インスペクションの必要性が着実に上がっています。ですから、買い手から理不尽な指摘を受ける前に情報を開示しておくのは、自衛手段として非常に有効だと思います。

今後は、次の買い手が「インスペクションが入っているか」ということを確認する時代がくるでしょう。少なくとも、融資が付きづらい今の市況の中で買い叩かれないためには、プラスαの材料が必要です。

築30年以上の木造だと、シロアリや老朽化のリスクを抱えていますので、「その状況を踏まえての価格設定です」と根拠を持って説明できるのは大きなポイントになります。

このように、今後は建物に関する知識がオーナーにも求められます。特にインスペクションは、オーナーだけでなく管理会社にも注目されると思っています。

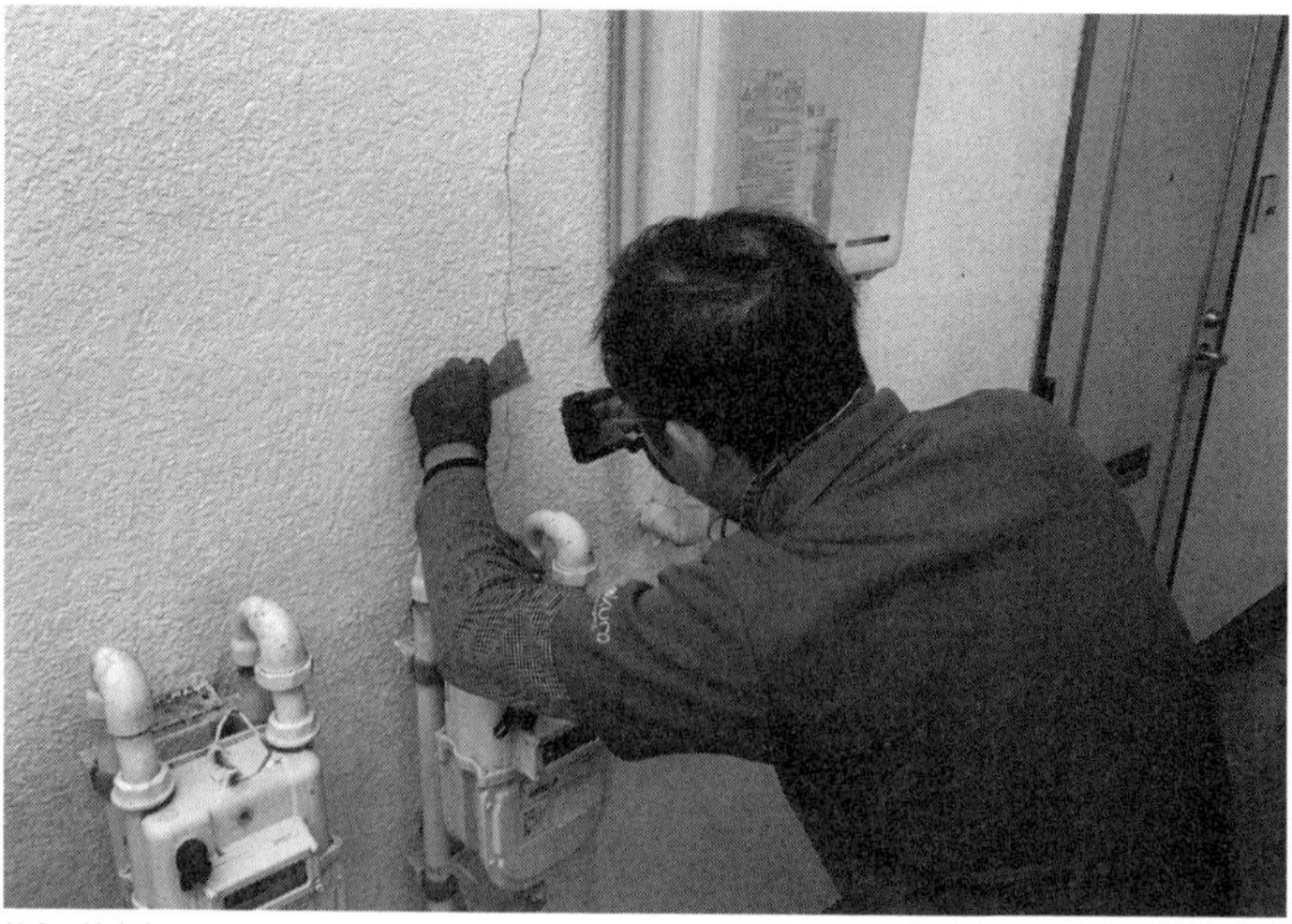

協力：株式会社さくら事務所

「顧問弁護士」の存在も重要

クレームや家賃滞納など、賃貸経営には思わぬトラブルが付きものです。顧問弁護士との協力体制を築けている管理会社だと、すぐに相談できるのでそうしたリスクをヘッジできる可能性が上がりますし、何より安心できます。

例えば、何かトラブルが起きたときも「裁判をする場合はこれくらいの費用がかかりますよ」という選択肢を与えてもらえます。自分の力で一から弁護士を探すのは難しいので、つながりがある管理会社を選ぶのがいいでしょう。ちなみに私の会社の場合、不動産に特化した顧問弁護士に依頼をしていて、オーナーは管理だけでなく売買トラブルに関してもアドバイスをもらえます。

不動産賃貸の世界では、オーナーの権利は入居者よりも圧倒的に弱いといえます。昔のオーナーだと、入居者と喧嘩して鍵を変えてしまったり、勝手に入ってきて机の上に電気代の請求書を置いていったりするケースもありました。今では決してやってはいけないことです。入居者に了承をもらっているならともかく、黙って入ってはいけません。

この例は極端かもしれませんが、オーナー自身が法的知識を持つ、あるいは周りに法的サポートをしてくれる人や会社がなければ、万が一法に触れる過ちを犯したとき、大変なダメージを受けることになります。

そもそも問題が勃発して双方で意見が食い違うようなときは、第三者となる仲介役がいないと、収拾がつかなくなります。

会社としても、顧問弁護士がいることで社員に安心感を与えることができます。セカンドオピニオンがあることで自分たちの考えを客観視して判断できますし、結果としてトラブルが生じるリスクの減少にもつながります。例えば、売買契約書なども弁護士のチェックを入れています。こうしてチームでオーナーをサポートする体制を整えています。

不動産投資で成功するために

購入に関しては、ハイレバレッジで高利回り物件を買う時代は終わり、安定的に稼働する物件が求められるようになっていると感じます。

私が見る限りでも、目先の利回りを求めて購入した人たちは、ストレスを抱え苦労しています。私が所有する８棟のうち２棟は高利回りですが、空室が埋まりにくいです。ただ、稼働率が50％あれば成立するので、埋まりにくいのも納得はしています。しかし、キャッシュフローが出る嬉しさよりも、ストレスを感じることのほうが多いです。

「高利回りで低稼働」と「低利回りで高稼働」を比較すると、意外と後者のほうがお金が残るケースが多いといえます。高利回り物件は、入居者の質が悪かったり物件そのものがトラブルを抱えていたりなど、何かしらの理由があるものです。それを理解したうえで購入していればいいのですが、理解できないと後から苦労することになります。

空室を１戸埋めるのに労力がかかると、次の空室に対して恐怖を抱くようになります。

一方、利回りが低くても都心のほうが安心感があります。空室が出ても「すぐに埋まるだろう」と思えますし、出口も見えやすいからです。

築古戸建ての物件の場合、空室になったときに更地にして実需向けに売却するという方法もありますが、「税務」「建物」「市場」「融資」の4つの観点からタイミングとバランスを見極める必要があります。

少なくともこの4つがすべてパーフェクトになる状況というのはあり得ません。地価が上がった、融資状況が良くなったなど、ポジティブな要素が出てきたらそれを見過ごさずに売却するのがいいでしょう。

売却には「利確（利益確定）」と「損切り」があります。誰もが前者を期待しているわけですが、購入した時期や物件によっては後者しか選択肢が残されていない場合もあるはずです。

利確を狙っている場合も、今後の市況を見極めることは難しく、後から結果的に分かることも多いものです。

そういう意味では、売り時というのはオーナーごとに適切な時期があると考えるべきです。市況だけでなく、所有物件への理解を深めなければなりません。そうしたことは1人で判断するのではなく、管理会社や各士業の専門家の考えも取り入れる必要があるでしょう。

また売却では税金も非常に重要なポイントになります。特に簿価や減価償却など税務に関わる計算は難易度が高いのですが、不動産投資上級者や売買仲介会社の営業マンだと、理解している人が多いと思います。

しかし管理会社だと、そこまでの数字は把握できないため、税理士と協力体制を築いているかがポイントになります。私の会社のように不動産に強い税理士がいるなら、すでに税理士に依頼しているオーナーでも、セカンドオピニオンとして話を聞くのもいいかと思います。つまり、売却の際は、売買管理担当者の一意見だけでなく、税理士など、さまざまな人の意見を聞いたうえでタイミングを見極める必要があるということです。

おわりに

三方よしという言葉がありますが、私は、オーナーよし・賃貸仲介会社よし・入居者よし・管理会社よしの「四方よし」であるべきだと考えています。

人口が多く供給戸数が少なかった時代は、もう終わりました。これからは中古物件への理解を深め、価値を高めることが必須となるでしょう。あわせて税務、建物の知識も、より求められるはずです。

それを踏まえて、管理会社選びも「管理専門」ではなく「プロフェッショナル集団」という基準で判断されるようになると予想しています。

また、これまで管理会社に対しては「不満があっても依頼し続ける」という人が大半でしたが、今後は健康診断のように、管理会社が十分な働きをしているのか確認と検討をする機会が増えてきてもいいのではないでしょうか。

私が経営する会社は、オーナー・物件に対しても最善のサポートができる体制が整っています。些細なことでも構いません。何か現状の管理会社に不満があるようでしたら、ぜひお声がけいただければと思います。

また、本書は管理会社の担当者にも読んでもらいたいと思い執筆しました。大半の担当者は日々の業務に追われながら仕事に従事しているはずです。

しかし、ただがむしゃらに仕事をしているだけでは、不動産投資家との距離は縮まりません。さらにいうと、同じ投資家であっても「築古投資」をしている人と「新築投資」をしている人では価値観がまったく異なります。ですから、一概に「これが正しい」という回答は存在せず、一人ひとりのオーナーに対して向き合い、求めるものを提供できるようにしなければならないのです。

あらゆるオーナーが「同じ目線で寄り添ってほしい」と管理会社に期待していますが、現実には不満を抱くことも多々あるものです。不動産業界はホテルや飲食業と比較すると、サービス面でのクオリティが劣っています。それは事実でしょう。

しかし、だからといってオーナーが上から目線で指摘ばかりしていれば、業界は発展しません。オーナーと管理会社が、お互いの要望に対してバランスを取りながら進めていく必要があると考えます。

また、不動産投資には実にさまざまな知識が求められます。税務、管理、建物、法律といったハード面はもちろん、エクセルでの計算、担当や関係者との人間関係などのコミュニケーションといったソフト面での知識も必要となるのです。しかし、これらすべてをオーナー1人の力でまかなうのは不可能です。だからこそ、信頼できるパートナーが必要なのです。

「不動産投資の目的は何ですか？」と聞かれたら、大半の人が「不労所得」と答えるでしょう。しかし、管理会社の存在が不労所得を大きく左右すると思っている人は少数なのではないでしょうか。

もちろん収支のことだけを考えるならば、自主管理が最も安く収まります。けれども現実的に自主管理は難しいという人も多いでしょう。一方、「自分でできる部分もあるけど、管理会社に依頼したい部分もある」という人もいるはずです。

したがって、管理会社に求めるニーズは一人ひとり異なるわけです。それをオーナーはきちんと話すべきですし、管理会社はそれを聞いたうえで対策を提案しなければなりません。

ですから、どちらかが一方的に変わればいいというわけではないのです。

オーナーにも基本的な知識がなければ、管理会社の言うことを理解できず、必要のない不信感を抱いてしまうでしょう。不必要なストレスを抱えないためには、知識武装がある程度は求められるということです。

一方、管理会社もオーナーの考えに対して共感をするべきです。私自身は不動産の売買仲介に携わり、自分自身も投資用物件を所有して不動産投資を行っている側面から、切実に「自分の味方となるパートナー（管理会社）の必要性」を感じました。

そこから自社に管理部門を立ち上げたという経緯があります。管理会社の一社員がオーナーに親身に寄り添うという感覚は持ちにくいかもしれませんが、本書で述べた通り、不動産は人の暮らしに欠かせない「衣・食・住」の「住」を担っています。オーナーは大きな責任のもと、不動産投資を行っているのです。

また、不動産投資は長期間の投資です。中には数年で転売するケースもあるでしょうが、例えば株のデイトレードのような頻繁な売り買いはありません。短くて数年、長ければ数十年に及ぶビジネスなのです。

私たち管理会社もこのような意義のあるビジネスのパートナーをしていると、しっかり自覚すべきだと感じています。

本書がより良い賃貸経営のための一助になれば、著者としてこんなに嬉しいことはありません。読者の皆さんの不動産投資の成功をお祈りしています。

2019年7月3日

糸賀 晃

糸賀 晃　Akira Itoga

ブルーアセットパートナーズ株式会社　代表取締役。

１９８０年生まれ。出版社やデザイン事務所に勤務した後、不動産業界に転職するという異色の経歴を持つ。業界では建築デベロッパーや売買仲介、注文住宅の提案営業職に従事。その後、一棟投資用不動産に特化して実績を積み、サラリーマン投資家から上場企業の役員、法人代表者まで幅広い投資家のコンサルティングを担当し、その投資成績向上に貢献。２０１１年９月にブルーアセットパートナーズ株式会社を設立し、市場に出回っていない一棟不動産の「水面下物件」情報を仕入れ、仲介している。また賃貸管理では、最低限のコストで入居率をアップさせるハイセンスなリノベーションなど、キャッシュフローにこだわった投資家目線の解決策を多数提案。自身も８棟のアパート・マンションを所有しており、投資家としても活躍中。

不動産投資は
「管理会社選び」で９割決まる

2019年7月3日　第1刷発行

著　者　糸賀 晃

発行人　久保田貴幸

発行元　株式会社 幻冬舎メディアコンサルティング
〒151-0051　東京都渋谷区千駄ヶ谷４－９－７
電話 03-5411-6440（編集）

装　丁　株式会社 幻冬舎デザインプロ

発売元　株式会社 幻冬舎
〒151-0051　東京都渋谷区千駄ヶ谷４－９－７
電話 03-5411-6222（営業）

印刷・製本　シナノ書籍印刷 株式会社

検印廃止

ISBN 978-4--344-92317-1　C2033

幻冬舎メディアコンサルティングＨＰ
http://www.gentosha-mc.com/

不動産投資で対象となる建物と金融機関の種類

不動産投資の対象になる建物の構造は、軽量鉄骨造・木造・鉄骨造・RC造に大別することができます。構造により法定耐用年数が決められており、一般的に金融機関はその耐用年数の残存年数によって融資期間を決めています。

したがって、どの金融機関を利用し、どんな物件を購入していくかは投資スタイルによって異なります。また個々の属性によっても使える金融機関が変わりますので、利用できる金融機関はどこなのかを把握し、自身に合った不動産投資をしましょう。

●構造の種類

・軽量鉄骨造（耐用年数　19年）
・木造（耐用年数　22年）
・鉄骨造（耐用年数　34年）
・鉄筋コンクリート造（ＲＣ）（耐用年数　47年）
・鉄骨鉄筋コンクリート造（ＳＲＣ）（耐用年数　47年）

●金融機関の種類

・都市銀行
・地方銀行
・信用金庫・信用組合
・日本政策金融公庫
・ノンバンク
・商工中金
・ＪＡ（農協）

不動産投資のメリット・デメリット

何といってもメリットは、安定的な家賃収入が見込めること。家賃はいきなり大きく跳ね上がることがない代わりに、突然半額以下になることもありません。

対して不動産投資のデメリットといえば、空室リスクです。家賃がいきなり下がることはありませんが、急に退去があってなかなか入居が決まらないという可能性があります。

家賃下落については部屋を適宜リノベーションすることで防ぐこともできますし、家賃滞納は保証会社へ加入することでリスクヘッジをすることが可能です。

●不動産投資のメリット

・安定的な家賃収入が見込める
・融資によるレバレッジがかけられる
・外注の仕組みが整っている
・節税対策になる（所得税・相続税・住民税）
・生命保険替わりになる（団体信用生命保険）

●不動産投資のデメリット

・空室リスクがある
・家賃下落、家賃滞納の可能性がある
・管理コスト、修繕費用がかかる
・災害に合う可能性がある
・流動性が低い

物件の購入基準

不動産投資において、どのような物件を購入すべきかといえば、「利益の出る物件」「資産価値のある物件」の2つが挙げられます。

中には「利益が出るけれど資産価値のない物件」「資産価値はあるが利益が出ない物件」もあります。

そのバランスについては、融資を受けるか否か、またはその投資家の考え方によって変わってきます。

また、不動産投資の利益には「インカムゲイン」「キャピタルゲイン」の2種類があります。

「インカムゲイン」を大きく得るためには、支払い（ローン返済・ランニングコスト）よりも家賃が高くなければいけません。そのために良い融資条件で借入ができることが条件です。

また「キャピタルゲイン」を得るためには、「安く買って高く売る」が必須です。

●インカムゲイン（運用益）

インカムゲインとは投資に対するリターンのことで、不動産投資では主に家賃収入を指します。

●キャピタルゲイン（売却益）

キャピタルゲインとは売却した際に出る利益のことです。

個人所有の物件では、売却の際に譲渡益に対して税金がかかるため、売却のタイミングには注意が必要です。

どんな物件を購入すべきかの指標はいくつかありますが、代表的なものに「利回り」があります。利回りには「表面利回り」と「実質利回り」があります。

表面利回りは、年間家賃収入を物件価格で割ったものに100をかけて算出しますが、実質利回りは家賃収入から所有にかかるランニングコストなど経費を差し引いてから、物件価格で割って100をかけて算出します。

●表面利回り

表面利回り＝年間家賃収入÷物件価格×100

●実質利回り

実質利回り＝（年間家賃収入－諸経費）÷（物件価格＋購入時の諸経費）×100

利回りの基準は、物件がどこにあるのかといったことや、構造、築年数、間取りタイプなどによって変わります。

いずれにせよ、利回りが高いほどリスクが高まる傾向にあります。

例えば、23区内の新築アパートであれば利回り5％～7％ですが、これが地方の中古アパートになれば利回り10％を超える場合も珍しくありません。

築年数が古い、リフォームの必要がある、地方なのに駐車場がないといった利便性や居住性の落ちる物件ほど価格が下がり、利回りが高くなります。

お買い得な物件を得るためには？

前述した通り、利回りが高いからといって良い物件とは限りません。

お買い得な物件を買うためには次のいずれかの条件を充たす必要があります。

●「水面下」の物件情報を得る

相続税の支払いのため売り急いでいるもの、事業者が所有する物件で資金繰りに困って売り急いでいるものなど、物件自体に問題があるのではなく、売主の事情で「安くてもいいから早く売りたい」という物件の情報を手に入れることです。

そうした物件は「レインズ」など表に出ることのない「水面下」で売買されています。

情報を得るためには、水面下物件の情報に強い売買仲介業者とのパイプづくりをする必要があります。

●物件が値下がった市況で購入

例を挙げれば、2008年のリーマンショック後など、市況が冷え込んだときほど、不動産の価格は下がります。これは不動産だけに限りませんが､買いたい人が多ければ多いほど価格は上がり、買いたい人･買える人が少なくなればなるほど価格は下がります。現在も不正融資問題を受けて、金融機関が不動産への融資に関して非常に厳しくなっています。その分だけ、物件価格は以前に比べて下がってきています。

購入時の注意点

購入時に注意するのは、大きく分けて次の２点です。

①賃貸ニーズの確認

そのエリア、その物件に賃貸ニーズがあるのかどうか。

適正家賃はいくらなのか、ライバル物件がどのような物件なのか､募集条件はどうなのか……賃貸ニーズをしっかりと調べます。

基本的なことであればインターネットで調べることができますし、より詳しく調べるのであれば地域の賃貸仲介会社へのヒアリングを行います。

②建物の状態の調査

購入予定の物件の建物の状態を確認します。

最も理想的なのは、インスペクションを行うことです。

現状で使えるのか、どれくらいのリノベーションをすべきか。

また大規模修繕を行う時期はいつなのかを把握してから購入しましょう。

リノベーションをどこまでする必要があるかどうかについては、①のニーズ調査で調べておきましょう。

取得までの流れ

物件を購入する流れは以下の通りです。

物件への問合せから現地調査、買付証明書（物件を購入したいという意思表示を書面にしたもの）を出して、売主が了承してから契約に進みます。融資を使う場合は契約前に事前審査を行い内諾を得る必要があります。信頼できる売買仲介会社をパートナーとして、契約～決済へ進んでいくのが理想です。

物件への問い合わせ
↓
現地調査
↓
買付（買付証明書の提出）
↓
融資事前審査
↓
融資内諾
↓
売買契約
↓
融資本審査
↓
融資承認
↓
金銭消費貸借契約
↓
融資実行・決済
↓
引き渡し

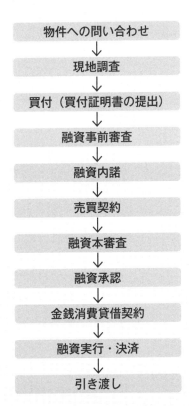

出口戦略

最後に物件の売却をどのように考えるかです。これを出口戦略といいます。

購入時点ですべてを決める必要はありませんが、どのような出口戦略がとれるかは検討しておきましょう。戸建てや広めの区分マンションであれば、投資家へ売却するよりもマイホームとして売ることで「利回り」の基準から外して売却できる可能性があります。

また、売却のタイミングについていえば、個人所有であれば、短期譲渡から長期譲渡へ切り替わる5年越えが一つの目安となります。その他、新築物件では修繕の費用がかかり始める築10年を目安にするケースもあります。

●出口の種類

・建て替え

・オーナーチェンジで売却

・更地にして土地として売却

・バリューアップ（リノベーション）して売却

●良い物件との出会いは良い不動産会社との出会いから

収益物件を扱う不動産会社は数多くあります。ぜひ自分に合った不動産会社・担当者を見つけてください。

私も一人でも多くの投資家様のお力になれればと思っていますので、お困りの際はお気軽にご相談ください。水面下の物件情報の提供から金融機関のご紹介、賃貸管理、ご売却までトータルに、誠心誠意サポートさせていただきます。

不動産投資の基礎知識

不動産投資では、一般的に居住用の収益物件を購入して、家賃収入を得ます。

物件の種類は1棟のうち1室だけを所有する区分マンション投資から、アパート・マンションを1棟所有する一棟投資、その他、マイホーム用の戸建てを貸家として運用する戸建て投資や、マイホーム兼賃貸アパート・マンションを運用する賃貸併用住宅があります。

その他、最近では借りた物件をトランクルーム、貸会議室、コインパーキング、コインランドリーなどとして運用する転貸型の不動産投資もあります。

●一般的な不動産投資

・区分マンション（1棟の中の1室を所有）

・1棟アパート・マンション

・戸建て

・賃貸併用住宅

●その他の不動産投資

・太陽光発電

・倉庫（トランクルーム、コンテナ含む）

・旅館業（民泊含む）

・テナント

・駐車場（月極、コインパーキング）

・工場

・シェアハウス

・オフィス

巻末付録

これから投資家人生をスタートするあなたへ

不動産投資の「基本のキ」